大是文化

아들아, 돈 공부해야 한다 (10만 부 기념 골드 에디션)

學會當個有錢人

上班25年的爸爸最想告訴兒子的事：
努力工作頂多不窮。
致富，得學會鷹眼、蛇腦、狗鼻思維。

韓國書店綜合暢銷書
排行榜第一名作家
鄭善容（정선용）——著
莊曼淳 ——譯

CONTENTS

第2章 投資的錢、花掉的錢、保本的錢——057

第4章 生活中九〇%的事都和錢有關——165

第5章 打開金錢之眼——229

推薦序一

給孩子最大的財富，不是錢，而是受用一生的致富觀念

理財專家／郭莉芳

乍看書名「學會當個有錢人」，我以為這是一本討論如何投資致富的書，讀完後才發現，其內容是父親想留給孩子比財富更受用的理財觀念。

作者是脫離社畜生涯、把自己變成生財資本家的實踐者，而這一切的起因，都是他兒子問：「為什麼爸爸工作二十五年，還是賺得這麼辛苦？」這個問題開始。

作者以自己的生涯為例，他發現認真上班當社畜無法變有錢，他能走到靠

事業累積財富這一步，主要關鍵有二：

第一個，是他領悟了「別當勞動者，要當資本家」。

他分享了自己如何從出賣勞動、領薪水的上班族，晉升到把自己變成一個有營業收入的品牌，也觀察到資本家如何「用錢賺錢」，脫離社畜生涯，讓自己未來的日子越來越輕鬆，人生有如倒吃甘蔗。

作者把人生分成四大階段，在兒童期最好建立正確的消費觀念（怎麼用錢）；到了出社會後的青年期（二十五歲至四十五歲），乖乖的上班，在賺取勞動收入時，就要一邊為壯年期（四十五歲至六十歲）展開事業，賺取事業收入做準備；當累積到一定的財富，就能提早進入老年期，當個在資本市場裡靠投資賺錢的資本家。

第二個，是娶了妻子。作者表示妻子從小學會「存下來的錢才是你的錢」的觀念，因此她努力儲蓄存錢、消費有度，且懂得投資，讓他們家後來能用現金買房。

作者明白點出，「結婚是經濟的契約」，你想結婚的對象，要具有智慧，還要懂得食物滋味，才能懂得人生況味。講白一點，就是選一個能**解決生活問題，而不是創造生活問題**的對象結婚，才是上策。

想累積財富，光靠努力是不行的，你得看懂賺錢機會背後的邏輯。有的人勤奮踏實、努力一生，只能勉強餬口；而有的人，透析財富本質，透過正確的財商知識與工具，短短幾年獲取巨額財富。

在這個複雜又充滿競爭的世界裡，許多人都在追求財富的成長，然而，真正能達成這一目的的途徑，似乎總被少數人掌握。

「**在險惡的世界裡，守護自己的盾牌就是經濟知識**」，希望看過這本書後，大家都能把守護自己與家人的盾牌變得更厚實。

推薦序二

理解經濟，邁向財務自由的起點

IG粉專「理享人生」版主／理長

如果你和我一樣，是在「努力工作，就能過上好生活」的信念中長大，那你一定曾疑惑：「為什麼我這麼努力，卻還是存不了錢？」

《學會當個有錢人》讓我深有感觸。它不僅教你理財技巧，更點出在這個用錢賺錢的時代，缺乏經濟知識，就像盲目的生活，成了所謂的「理財文盲」。

作者的經歷和我非常相似，我們都來自那樣的家庭：父母一輩勤奮勞動，為了三餐溫飽努力，卻對投資和理財一無所知。他們教會我們如何努力與節儉，卻未曾教導我們如何用資本養出財富。

我長大後才明白，不懂得經濟知識，不只錯失致富機會，更在無形中，把貧窮的壓力轉嫁給下一代。

沒錢，更要理財。

很多人以為理財是有錢人的事，但事實正好相反，手頭越拮据，越需要理財。了解金融工具、掌握風險與報酬、建立正確的理財觀念，這些都是這個時代每個人都該具備的基本能力。

書中提到，作者的妻子憑藉對金錢的敏銳洞察力，一步步滾出屬於自己的財富雪球。這讓我想起自己剛開始接觸投資時的模樣——從零開始，一點一滴的學習、試錯，再學習。當你真正懂得如何管理金錢，你就不再是它的奴隸，而是能夠指揮它的主人。

這本書以親切、真誠卻不說教的方式，引導人們從「為什麼我總是這麼辛苦」的自我質疑，走向「自己可以怎麼改變未來」的行動實踐。

不論你正處於人生的哪個階段，我由衷的推薦每一個人閱讀這本書。因為唯有真正理解金錢的本質，才能邁向財務自由，也才能在經濟的洪流中，不被無知拖向焦慮與貧困。

我們這一代，已經不再有「努力工作、買房、退休」這樣的標準劇本。時代變了，不懂錢、不理財，只會讓你越來越疲憊，陷入窮忙和焦慮的漩渦。

《學會當個有錢人》不是一本讓你一夜致富的書，但它絕對可以成為你邁向財務自由的起點。如果你不想一輩子都靠勞力過日子，就一定要翻開本書，讓我們一起學會當個有錢人，從小錢開始，慢慢累積，創造屬於自己的「理享」人生。

各界讚賞

曾有段時間，人們真的相信只要讀好大學，前途便一片光明。但現在似乎變成學習金錢、經濟為優先的時代。希望讀者看了本書後，可以設計出一條精彩的人生道路。

——《金錢決定歷史，我決定好好讀史》作者／洪椿旭

跟金錢有關的話題往往很難解釋，但本書有趣、有益，且能一口氣讀完。閱讀過程中，讓人產生想好好賺錢的欲望。這是一本可以引導更多人走上「財富自由之路」的優秀指南。

——《今天也夢想著財富自由》作者／青響（劉大烈）

我們該為子女留下背景和錢財，還是讓他們自己體驗真實的經濟？本書推薦給讀者。

——圃美多食品執行長／朴南周

這是生活在數位資本主義時代中必備的一本書，我誠摯向各位推薦。

——前樂天瑪特執行長／文永彪

「生硬的經濟話題竟能包含樂趣和感性！」我一邊讀，一邊讚嘆。本書引起人們共鳴和感動。最後心中還會冒出一絲酸楚，我差點掉下眼淚。

——前樂天超市執行長／崔準碩

在流通產業現場經歷的實體經濟，及每天閱讀書籍、報紙而累積扎實的經濟理論，巧妙藏在字句之間。我想把本書送給我不喜歡看生硬經濟學的兒子。

——《世界日報》流通產業專門記者／金起煥

前言
妻子最常掛在嘴邊的理財三件事

兒子問：「為什麼爸爸工作二十五年，還是賺得這麼辛苦？」

其實，這個問題我也自問了數千次。我一直以為一切都是自己無能導致，但事實並非如此。只因我不夠理解經濟，可說徹底無知，才會發生這種事。

經濟知識比什麼都要重要，但我在新冠疫情肆虐期間退休後，才意識到這個事實。一直以來，我都是「理財文盲」。不是只有不識字，才會被稱為文盲，在金融資本主義時代裡，如果不具備理解金錢原理（經濟知識）的能力，也算文盲。

我身為大型流通企業的高階主管，擁有二十五年企劃及銷售商品的資歷。

我勤奮學習、工作，在資本主義的中心熟悉了資金流向。如何製作並銷售好商品、市場如何運作等，我對一切瞭若指掌。

但在另一方面，我卻是個只關心公司發展的理財文盲。在妻子把六億韓元（按：約新臺幣一千兩百四十六萬元，全書韓元兌新臺幣之匯率，皆以臺灣銀行在二〇二五年三月公告之均價〇．〇二元為準）本金慢慢增加到五十億韓元（約新臺幣一億三百八十五萬元）時，我卻只知道勞動收入，就像是住在井底的專家。在那座井裡，即使能力得到認可，生活依舊枯燥無味。雖然有點晚，幸虧我的經濟靈敏度覺醒，還多虧妻子擁有很強的理財觀念，否則我不敢想我們的未來會變得怎樣。

根據韓國金融監督院的資料，韓國成年人的金融理解度在所有領域都低於OECD（按：Organisation for Economic Cooperation and Development，經濟合作暨發展組織，為全球三十八個市場經濟國家組成的政府間國際組織）平均值。也就是說，與所有OECD國家的成年人相比，韓國人對金錢較不感興趣，甚至是無知。不知是否受此影響，**韓國高齡者貧困率在OECD國家中，排名第**

一。如果你因身邊朋友不關心經濟，而像他們那樣生活，你將經歷比上一輩更殘酷的考驗。

如果缺乏經濟知識，就會像以前的我一樣，陷入不停工作，生活卻變得更加艱難，這就是我強調學習理財的原因。

和他人相比，我有兩件幸運的事。

第一，當我進入職場時，社會上有很多職缺。即便經濟知識稍差，也能靠勞動賺到錢。我非常幸運生活在只靠體力獲得的勞動收入，就足以維持生計的時代。

第二，就是和妻子結婚。我只知道在公司裡工作，而妻子連房地產理財都有涉獵。她的理財觀念相當優秀，所以透過投資房地產取得相當成就。我們家能過著不為錢煩惱的生活，一切多虧了妻子。

學校裡很難學到生活中實用的經濟知識。因為經濟學家是站在國家、企業的立場上建立經濟理論。所以，他們的話不必照單全收，只選擇吸收你需要的即可。

如果想靠實用經濟知識賺到足夠的錢財，過著財富自由的生活，那麼向身邊的「場內經濟專家」學習是明智的選擇。

如同我多虧妻子的理財觀念，擺脫了被錢追著跑的生活，因此我時刻記住她常掛在嘴邊的三件事。聽者可能會覺得是嘮叨，但我覺得那些都是有血有肉、生動的經濟知識：

1. 就算只有十元，也要省下來

妻子很珍惜散落在家裡的硬幣。她沒有亂丟那些錢，而是放進存錢筒。就算只是小錢，也沒花在不必要的地方，就這樣存下一筆錢。後來，我在她的不鏽鋼存錢筒裡，發現稀有的十韓元（約新臺幣〇．二元）硬幣。當時，那枚硬幣市價上漲至三十萬韓元（約新臺幣六千兩百三十元）。她很喜歡收集一些小東西，久而久之就變成「幸運的複利」。像這樣慢慢存起來，最後就會累積成一大筆錢。

2. 先存下第一桶金

妻子特別強調雪球理論。當雪球達到一定的尺寸，體積才會呈幾何級數增長。**錢也要超過一定的金額，才能像滾雪球一樣越滾越大**。有第一桶金才可以賺到錢。她再三強調**要先擁有一筆錢來滾錢**。了解第一桶金的價值是學習經濟的核心，因為二十一世紀是用錢賺到更多錢的金融資本主義時代。

3. 長期投資土地和房子

對妻子來說，土地和房子是絕對不會背叛我們的低風險資產。我一直認為「家」只是單純讓我們棲身的地方，所以缺乏房地產的觀念。而她認為房地產是低風險的投資資產，所以只要存到一筆錢，就會果斷進行投資。這就是我們在首爾市擁有三戶重建公寓的原因。

本書是我在二〇二〇年九月三十日，從工作二十五年的公司退休後，堅持每天寫下一篇的文章之一。雖然現在從事其他工作，不過當時在轉瞬之間失去工作帶來的衝擊不小。我想把在資本主義時代領悟到的事物，在還來得及的時候傳達給孩子。於是，我開始每天在論壇投稿一篇關於經濟的文章。

為了不讓孩子過著像我一樣的生活，我想傳遞領悟到的理財知識，幫他們打下充分基礎。藉此機會，我們一起好好學習經濟吧！

第 1 章

真希望我早點教會孩子的事

1 就像漢堡一樣，錢也有自己的味道

「你們知道螃蟹的滋味嗎？」這是很久以前儂特利（按：Lotteria，日本 Zensho 集團旗下的一家跨國速食連鎖店）的廣告臺詞。當時，孩子看到廣告後，便吵著要我買漢堡，但他吃了一口後，卻說不喜歡就不吃了。

就像漢堡一樣，錢也有自己的味道。

真正懂金錢的是我妻子，所以有時候她對金錢的欲望，讓我很有負擔。

某天晚上，妻子還跟我談錢談了兩個多小時。若是不熟的人，聽了可能誤會她因為我那時沒收入而叨叨絮絮，不過我知道她只是為我好。順帶一提，當時的我退休不到一個月，處於「退休體貼期間」（按：韓國非自願失業、有工作能力、積極就業、參加就業保險滿一百八十天者，可領取失業補償金），而且至少保障六個月。

接下來，**我要分享她提過的三種金錢滋味：省錢、善用錢、存錢**。

在我看來，三種差不多，但她卻強調這些完全不同，就像料理的深度滋味，只有吃過的人才會懂，而我過去還未嚐過，所以不知道是什麼意思。

1. 省錢

她說：「家裡所有的東西都是錢。」珍惜物品就是省錢的滋味。妻子在家穿的那件黑色裙子和發黃T恤，是我在新婚時買給她的，她已穿了二十年。

「省錢的滋味就像和老朋友聊天。」她還認為，省錢就像媽媽煮的清麴醬鍋般，舒適又濃郁。

2. 善用錢

性價比和價值消費是近年流行的行銷用語，而妻子很早就知道這兩種概念。她從結婚初期就說，買東西時一定要講究價值，所以購買前，**問自己三個問題：我真的需要這個東西嗎？這個東西符合我的需求嗎？這個價格與我的需求相比合理嗎？**

我和妻子外食時經常為價值鬧不愉快。例如，我想照家庭人數點四份肉，但她總說三人份就夠了。我們在服務生面前爭執，最終演變成爭吵。回到車裡，孩子們氣到說再也不和家人在外面吃飯。

妻子非常縝密，而我則是過於鬆懈，無法善用金錢。所以錢包總放在妻子身上，由她計算支出。她說，這個滋味可稱為「守財奴的黃花魚乾味」，我也覺得省錢的味道聞起來又鹹又腥臭，無法讓人享受。

3. 存錢

一個月存兩百萬韓元（約新臺幣四萬一千六百元），一年可以存下兩千四百萬韓元（約新臺幣四十九萬九千元）；存五年，就有一億兩千萬韓元（約新臺幣兩百五十萬元）。二〇〇四年，妻子用存下的錢加上銀行貸款，在韓國京畿道九里市買了二十四坪的公寓。

她總是從我的月薪中拿兩百萬韓元存下來。二十五年來，光我的月薪就存了超過六億韓元。這筆錢只是算數上的紀錄，實際存下的金額遠遠超過於此。

妻子每存到一筆資金後，就拿來投資公寓，以此賺錢。她說，這種滋味如「發酵斑鰩魚卵湯」一般，一旦嚐過就戒不掉。

我努力把妻子說過的話整理得一目瞭然。

金錢的味道不是取決於金額大小，不管是十韓元還是一百韓元（約新臺幣兩元）、一百萬韓元（約新臺幣兩萬元）都不重要，**重點在於一點一滴累積**。就像食物，只有吃過的人才知道味道如何，同理，存過錢的人才了解金錢的滋味。為此，你要懂得省錢、善金錢、存錢。

正如每個人的味覺都不同，對錢的感受也各不相同。有人天生對金錢很有概念，像妻子那樣。也有人像我一樣天生駑鈍，只能透過後天努力來培養。

2 現在是靠錢賺錢、獲取溫飽的時代

妻子總是比我跟孩子晚吃飯。她先煮好飯、洗衣服然後打掃浴室，最後才用微波爐加熱隔夜飯，配著我們吃剩的嫩蘿蔔葉辛奇、三個冷掉炸物和兩塊煎午餐肉，一併解決遲來的早餐。

有次在我和孩子吃甜柿和柑橘當點心時，我因想喝水而回頭，看到妻子穿著破爛的裙子及因洗衣服時沾溼的T恤，獨自吃飯的背影。她吃完飯後清洗碗筷，結果T恤又溼了，上面沾染菜渣的味道。

有人說若站在遠處觀望一個人的人生，會覺得很美好，然而走近一看，會發現裡面充斥著日常的汙點。而妻子吃的白飯被瑣碎生活汙染。多虧她的付出，我才能一直活到現在，如果她的日常沒有任何汙點，就沒有現在的我。

有人說：「飯碗裡的水不是湯，而是淚。」妻子穿得髒兮兮用餐時，還有我賺錢的時間都有眼淚。我希望孩子能領悟米飯的價值和碗中的淚。米飯是經濟的核心，所謂經濟生活，就是賺到米飯及吃飯的行為。我們的生活是建立在米飯（經濟基礎）上的建築，透過工作和勞動取得米飯，則是建造過程。

每個父母都會為了一家人的溫飽而付出，其歷史是為了養家餬口而不斷證明自己的過程。米飯來自勞動，在農業社會，主要靠體力工作，而工業革命後，則靠頭腦來勞動（技術）。

隨著金融資本主義時代來臨，勞動角色開始減少，資本的作用逐漸增強。在現代，資本讓人類得到溫飽，而不是體力或頭腦。資本正取代勞動，只憑體力和頭腦工作越來越難維持生計。

現在是用錢賺錢，並獲得溫飽的時代，以前米飯的模樣就這樣轉變成錢。人們為了養家而賺錢，但現在錢卻凌駕於人類。我們只能接受現實並竭盡全力。不懂錢就很難生存下去，我們都得努力學習金錢。

3 我的職業觀：別當者，要當家

兒子某天問我：「爸爸，我最近好累。服兵役都這麼累了，您二十五年的職場生活到底怎麼熬過來的？」和他通完電話後，我反覆琢磨這段話。能撐過來，讓我覺得自己很了不起。不過直到現在，我都還沒想到讓我撐下去的原動力是什麼，也不知道是怎麼熬過來的。

我帶著好奇心，審視自己長達二十五年的職場生活。以類型來看，我賺錢養家的故事不是一部英雄片，比較接近黑色喜劇。

我不希望孩子像我一樣，過著勞動者的人生，因為我清楚知道勞動者的生活有如黑色喜劇，既搞笑且悲傷。

韓國電視劇《我的大叔》，真實刻畫出上班族面對生活困境時，展現出來的態度。主角是大叔三兄弟——在小企業工作後退休的大哥、在建設公司當部長的老二、曾當電影導演的老三。大哥和弟弟一直過著無業生活，後來以清潔服務工作開啟事業第二春。今天我要說的，是兄弟在打掃時發生的場景。

某天，大哥獨自掃某棟建築，不小心打翻水，還弄髒房東的衣服。為了保住生意，他照著房東的要求下跪道歉。此時，三兄弟的媽媽送便當給大哥，剛好看到這一幕。最後，大哥走出建築物後，發現媽媽留下的便當。

哥哥對兩個弟弟說：「我向房東下跪了，還以為媽媽沒看到。可是我一回到家，她卻對我露出笑容。她看到了……一定看到了。」隨後放聲大哭。

我在公司上班時，偶爾也會在心裡這麼想：「希望我的孩子都不知道這些事，只有我知曉然後撐過去就好。我可以獨自消化，一個人繼續努力。畢竟薪水裡，也包括挨罵的補償。」

我不希望孩子成為勞動者。若他們得獨自承受那份悲哀，我光想像就覺得心痛。**我希望他們成為企業家和資本家**，所以我總是反覆向他們強調必須學習理財，在資本主義社會裡，沒有經濟知識，就只能單靠勞力過活。

我為了孩子變成一個自私的人，比起這個社會共同體（按：指由建立在勞動基礎上的特定關係和紐帶，聯繫起來的人群共同體），我更希望子女可以過得幸福。就算成為自私者也無所謂，只要他們過得舒適，這沒什麼大不了。

現在我要站在經濟的角度聊聊職業。首先，我們要知道賺錢是職業的本質。人們常說的職業是工作（Job）、職涯（Career）、任務（Mission）。工作是可以賺錢的事，所以是職業；職涯是累積經驗的事，所以是職業。而任務則是神賦予的使命、天職，所以也可被稱為職業。

教育者說：「我們要抱著完成任務的心態工作。」不過，我的想法卻不一樣，**職業最初以賺錢為核心，而自我實現則是做那件事時，產生的附帶結果**。

職業的本質及核心是賺錢，如果失去本質，一切都是假象，不要被學者說的職業觀欺騙。希望大家可以依照我分類好的兩種職業觀來學習——家、者。這兩個詞是來自於從事該行業之人的稱呼。在漢字文化裡，稱呼後面的結尾字展現了職業的性質。

1. 家：企業家或資本家

企業家的「家」，表示他的職業達到足以成為門第的程度。因此，人們在稱呼企業家，例如：稱呼老闆、董事長時，一定會用「您」來尊稱。

最重要的是，他們的事業和資本可以繼承並贈與。也就是說，如果成為企業家或資產階級家庭，後代子孫就無須擔心賺錢養家。換句話說，他們能以家門為中心，延續財富給後代。因此，金錢對某人而言，是惡魔般存在，但在某些人眼裡，卻可以成為天使。

2. 者：技術人員或勞力人員

勞動者的「者」，代表這個人的職業未能成為家門，只能解決個人生計。因此，韓國人在稱呼勞動者時，通常只會在姓氏後面加上「先生、小姐」等敬稱，例如鄭先生、李先生、朴小姐等。而成功的技術人員，則會加上「師」字，例如律師、老師、稅務師、醫師、藥劑師等。

不過，他們擁有的是，只能在自己這一代使用的資格及證書，無法贈與或傳給後代。例如，即使父親是律師，子女也要憑自己努力讀書，通過考試並取得證照，才能成為律師。這一代可以生活得輕鬆一些，但後代依然要從最基層做起。在這個以金錢緊密連結的金融資本主義社會，從起點就有著極大差距，往後再繼續擴大，將無法縮小。

雖然說職業百百種，不過大致能分成上述兩種。**家是以事業體和資本為基礎的職業，者則以資格證和勞力為基礎**。愚蠢的人只會抱怨自己無法扮演好優秀、有能力的技術者等角色，一生戰戰兢兢，擔心自己被公司解僱。

希望大家不要浪費自己的時間和意志，當時我兒子抱怨服役生活艱難也是如此。軍隊是代表性的技術人員和勞力人員的生活形態。在那裡，只要達到熟悉共同體生活方式的水準即可。如果繼續折磨自己，就太愚蠢了。

雖然我無法成為大家的好老師，但我可以成為陪著一起向前跑的領跑者。幫助大家打造身心，進而成為家。

4 踏上財富自由的階梯

專家會傳授複雜知識。因為複雜，才能教得久並長時間維持生計。但只要深入探究，就會發現其本質比想像的單純。學習時，最重要的是目的，如果想領悟本質，就要帶著明確目的學習，**只要有目的，學習深度會明顯不同**。

正如階梯能幫助我們往高處爬，想擁有財富，必須按部就班踏上一層層金錢臺階。

金錢階梯隨著年齡，應學習和掌握的課題都不一樣。我用人的生命週期來區分金錢階梯，包括：兒童期，人不會賺錢，只消費；青年期，靠勞動賺取收入；壯年期是賺取事業收入；老年期則是獲得資本收入的時期。

1. 兒童期，領悟金錢消費原理

相當於進入社會之前，也就是從出生到二十五、六歲。這個時期應學習用錢與消費原理，而不是賺錢原理。有錢人懂得如何用錢，而不是如何賺錢。

懂用錢比賺錢更重要，最好在這個時期學會如何用錢，否則一旦養成壞習慣，日後要花很大的力氣才能改變，所以必須按部就班學習，養成好習慣。

花錢，就是訓練自己掌握基本的金錢原理。在這個階段必須扎實學習怎麼用錢。消費與收入的基本原理一脈相承。只要好好學習用錢的方法，自然也可以學會賺錢的方法。

2. 青年期，專注於勞動收入

這個時期是二十五、六歲到四十五歲左右。人到青年期才初次學習賺錢原理。兒童期只要充分熟悉用錢的方法，自然會建立賺錢方法的基礎。

賺錢方法從勞動收入開始，只有在這個時期，領悟如何用固定薪資存下第一桶金，才能學到累積小錢成為一大筆錢的原理。因為勞動收入是事業收入的根源，所以青年期要徹底熟悉勞動所得原理。

在職場生活中，由於被勞動壓迫，人時常沒有餘力得知，自己到底怎麼賺到錢，因而錯過學習事業收入基礎原理。

每個人都要在賺到勞動收入的瞬間，領悟到事業收入的原理。我認為，若說學校是花錢學習的空間，那麼職場就是領錢學習的場所。只有在這個時期領悟勞動收入的原理，才能在四十五、六歲以後投入事業。

3. 壯年期，專注於事業收入

這個時期是四十五歲到六十五歲左右，也是以在職場熟悉的勞動原理為基礎，展開事業的時期。只有扎實學過消費原理、勞動收入原理，才能成功進入該階段。如果在基礎不穩固的情況下踏上這層階梯，相當危險。

這個時期最危險，但也是收入最高的時候。此時要謹記的是，只靠自己的資本投入生計型創業（按：不同於追求成功與自我成長，為了維持生計而不得不創業）非常危險。重點是接受他人的投資，以法人身分成立股份公司。這個時期最波瀾壯闊、最讓人激動，而我就在這段階梯的前面。

我後悔自己準備不周、沒有早點領悟。我長期安於工作收入，還來不及熟悉事業，五十多歲就退休了，若能在四十五歲時走上賺取事業收入這條路，生活會更輕鬆。希望我的孩子在賺取勞動收入時，提早為賺取營業收入做準備，不要像我一樣，之後才懊悔。

4. 老年期，專注於資本收益

從六十五歲到進入墳墓的那一天，是資本收入期。我們必須接受「人的身體和大腦會老化」這一事實，照身體和大腦的水準，度過老年生活。如果在老年期過度使用身體或動腦筋，稍有不慎就會招來禍端。這不是用身體和頭腦的時期，而是該讓金錢出力的時候，所以必須有錢。

人到了老年期應以資本收入為基礎，過著更悠閒、安穩的生活。賺錢的事就交給金錢，而我們應在風景中，享受生活的真正涵義。

直到老年期才做兒童期、青年期的、壯年期的該做的事，只會加快終結生命。老年期應該憑藉資本收入，享受悠哉生活。

現在我兒子正進入青年期，必須結束兒童期該學的金錢消費原理，徹底做好準備開始勞動。現今社會就業市場進入寒冬，所以單靠勞動收入賺錢非常不容易。即便如此，踏上金錢階梯時最好循序漸進，一次就往上跨兩個臺階非常危險。一不小心，就會跌入谷底，必須從頭再來。

我停留在勞動收入階梯上的時間有點長，但從現在起，將踩著事業收入的階梯前進，希望大家也能踩穩前面的階梯再往上走，不要摔倒比什麼都重要。

5 生活基本命題：食衣住

對人們來說，食衣住行是最基本的經濟生活基礎。只有基礎穩固了，才能期待精神上的富足。穿什麼衣服、吃什麼料理、住什麼房子是從人類起源開始，一直圍繞在我們身邊的生活基本命題。科學技術的發展歷史，其實就是解決這些問題的過程。

韓戰（按：一九五〇年至一九五三年）過後，韓國為了解決民生問題，一直致力於經濟發展，以奠定食衣住行的堅固基礎。

然而，最近居住問題引發了激烈的爭執。政府發表第二十四次房地產對策（按：為了抑制房價上漲而推出的對策，包括加強貸款限制、擴大房屋稅收、增加房屋供給〔透過公共機構開發計畫，增加首爾及周邊住宅供應〕，及強化監管措施）後，《中央日報》頭版頭條寫著：「商店街的全租房，長官想住嗎？」（按：全租房是韓國特有的租屋方式，租屋者給房東一大筆押金，居住期間除水電等，無須再支付任何費用，租約到期房東必須將押金全數退回給租屋者。）

該報導中，長官被問道這句話時，心情非常鬱悶。在頭版放這句話的報社主編感到鬱悶；讀該報導的人民也很鬱悶；引用這句話寫文章的我更是如此。

我一邊讀著報導，一邊回想童年。那個時候的我過得非常艱難，既沒有一個像樣的家，也沒幾件像樣的衣服，更沒有好吃的東西。不知道為什麼我家有那麼多人：爺爺、奶奶、爸爸、媽媽，包括我在內的六個手足，至少有十人。最基本的生理需求，沒有一項令人滿意。

當時我心中有個願望，是擁有自己的房間，小也沒關係。因為家裡人多，不論是肚子餓、只能穿哥哥的舊衣服或下雨天沒傘撐時，我都能忍耐。唯獨沒有屬於自己的空間，特別讓我難以忍受。

我小時候較敏感，對睡覺的地方更是如此。如果到親戚家過夜，我總是難以入眠，只要房間有其他人，就睡不著。剛踏入職場時期，如果到其他地區或海外參加研習活動，必須和同事一起過夜，只要有人同房，我會非常不自在。所以我當時的願望，是擁有屬於自己的房間。

直到結婚並從家裡搬出去後，我才第一次有了自己的房間。不過，這不是我一人的願望，其實我的兄弟姊妹都抱著相同想法。每天晚上一個房間裡要擠三、四個人，還得為了誰應該睡哪個位置而爭執，真的非常辛苦。

雖然是家人，仍想擁有屬於自己的獨立空間。正因如此，我喜歡房間寬敞且數量多的房子。二〇〇九年，我和妻小住進四十坪公寓，各自擁有一個房間，那時是我最開心的時候。

每個人都有不想讓他人看見的一面，且都有必須獨自忍受的醜陋樣貌，而能守護這一面的空間，就是自己的專屬房間。

房子與周遭環境的和諧也很重要。從古至今，人們非常重視房屋選址。房子位於何處，對生活影響很大，所以有句成語是「孟母三遷」，講述孟子的母親為了孩子的教育，搬了三次家。住在墓地附近時，孟子整天模仿喪家的喪儀和哭聲；搬到鬧市附近，孟子又開始模仿商人叫賣。直到最後搬到私塾附近，孟子才開始認真讀書。這讓我們學到環境的重要性。

以現在來說，代表學校附近的社區公寓、景觀住宅以及捷運宅等是好選擇。所有人都想搬到環境好、有低風險資產投資價值的住處。父母都想藉由教育，將子女培養端正，同時住在房價會上漲的地方，為子女留下一些財產。

這也是為什麼，前文提到的地產對策讓人民如此令人鬱悶。發布這種政策的人，不了解父母想在良好環境下養育子女，並留下財產的心意。

簡單來說，商店街和飯店，不適合一般家庭居住。商業交易場所就是孟母眼中的鬧市。除非是一開始就以商住兩用結構設計的建築，不然商店街和飯店不具備居住功能，沒有廚房設施，總不能天天叫外送。

家不只是睡覺的地方，更是我們實現生活的空間。尤其，前幾年因新型冠狀病毒肆虐，人們待在家裡的時間增加，房子在生活中占據壓倒性比例，對於舒適居住空間的需求當然會上升。

老百姓的眼光和富人一樣，大家都想依高標準住進良好的社區公寓。韓國政府無法理解人民的心情，眾人只能期望政府未來推出合適的政策讓人享受舒適的生活。

6 那些殺不死我的，讓我更堅強

美國哲學家喬治・桑塔亞那（George Santayana）說：「對那些不記得過去的人來說，歷史會重演。」想擺脫錯誤的歷史，首先必須了解過去，並正確學習。經濟也一樣，只有了解過去，才能看透現在的經濟。如果沒有真正理解就開始學習，等於不知道基本原理就上場實戰。

現在發生的經濟大事源於過去，並以原本的樣貌重複進行。因此，我們必須記住重大歷史事件，反覆琢磨其中的意義並以此為借鏡。尤其沉痛案例，更應該銘記在心，如韓國在一九九七年的ＩＭＦ（按：International Monetary Fund，國際貨幣基金組織。職責是監察貨幣匯率和各國貿易情況、提供技術和資金協助，確保全球金融制度運作正常）外匯危機。

為了幫助讀者理解該事件，我先假設我家破產情況來比喻。

一九九五年，經濟專家預測首爾市的房價會暴漲。因此，我跟妻子在這年十月想盡一切辦法，購買價值十億韓元（約新臺幣兩千萬元）的社區公寓。當時我們存款只有兩億韓元（約新臺幣四百一十八萬元），為了湊齊剩下的八億韓元（約新臺幣一千六百七十二萬元），分別向八名熟人借錢。為了償還款項，我們訂下還款日期，並建立現金保管計畫。

隨著家裡的收入減少、消費增加，導致手上的現金減少。還錢日逐漸逼近，可是我們手上卻依然沒有錢。無奈之下，只好拿著買下的社區公寓所有權狀去銀行貸款。

然而，銀行表示該公寓價格從十億韓元下跌至五億韓元（約新臺幣一千萬元），因此無法用這幢房子作為擔保貸款。為了償還債務，我們一九九七年十二月以五億韓元賣掉社區公寓。由於還有三億韓元（約新臺幣六百三十萬元）的債務，我們最終宣布破產，當朋友來討債時，我們無法償還。

如果把上述破產過程原封不動套用在國家，就可以理解讓韓國瀕臨破產的ＩＭＦ外匯危機。

首先，我們要了解國家間借貸關係使用的資金是什麼？世界的錢叫「世界貨幣」。國家間以世界貨幣——美元借貸。韓國在一九九五年為了道路和水壩建設工程等經濟開發，需要十億美元（約新臺幣三百二十四億元）。當時的韓國有兩億美元（約新臺幣六十五億元），剩下的八億美元（約新臺幣兩百六十億元）則分別向日本和歐洲國家各借一億美元（約新臺幣三十二億元），並設定不同的償還日期。為了償還債務，必須擁有考量償還日期的美元（外匯）存底（按：外匯存底指一個國家或經濟體的中央銀行，持有並可隨時兌換他國貨幣的資產，通常以美元計算）。

但韓國的經濟主體——國家、企業、家庭的美元收入較少，美元的消費卻日漸增加，導致外匯存底不足。應還款日一天天逼近，韓國持有的美元卻不足，無法償還債務。因此，韓國向ＩＭＦ要求借貸美元。ＩＭＦ的條件是，如果韓國轉換成適合金融資本主義的制度和系統，就會提供貸款。然而，這個條件對韓國來說相當嚴苛。雖然費盡千辛萬苦調整了結構，在此過程中，全韓國國民都在痛苦和絕望中掙扎，這就是一九九七年到二〇〇〇年初，讓韓國瀕臨破產的ＩＭＦ外匯危機。

破產公司如雨後春筍般出現，導致失業者不斷增加。街上到處都是被迫流落街頭的孩子和老人，因經濟困難而自殺的人更是不計其數，顯現國家面臨破產時，人民遭受多大的痛苦。要注意的是，ＩＭＦ外匯危機並不是單純過去的事件，更不能只當成一段保存在圖書館裡的歷史紀錄。目前，ＩＭＦ外匯危機仍對韓國的經濟有著巨大影響。

不論是國家、企業，甚至個人，只要沒有保護自己的力量，主權就會被奪走，例如一九一〇年發生的庚戌國恥（按：日韓合併條約，是大韓帝國內閣總理大臣李完用與大日本帝國代表寺內正毅，於一九一〇年八月二十二日簽訂的條約，將朝鮮半島的主權割與日本，同月二十九日公告大韓帝國正式覆滅，歸日本統治），而一九九七年的ＩＭＦ外匯危機，是韓國的經濟主權被奪走。

對於庚戌國恥是搶奪國民主權的說法，應該沒有韓國人會有異議。或許有人會說：「外匯危機不算掠奪經濟主權。」但韓國的經濟主權確實因此受到大幅度影響了。這不是危言聳聽，而是事實。

自該事件後，韓國的經濟核心被ＩＭＦ和美國財政部的影響力掌握，至今仍未能擺脫。軍事掠奪肉眼可見，經濟掠奪卻是看不見的，所以很容易被認為只是錯覺。

在不過百年的近代史內，韓國已被剝奪兩次主權，且都讓國民陷入絕望的深淵。其中的原因只有一個——沒有力量。我說這番話的意思是每個人都要培養保護自己的能力。

兒子在某天對我說：「雖然爸爸引用尼采的名言：『那些無法殺死我的，讓我更加堅強。』但希望爸爸不要再勉強我。痛苦就是痛苦，不然想讓我怎麼辦。還有，『因為痛才叫青春。』我不懂為什麼青春就必須伴隨痛苦。現在因為新冠疫情，大家都很煩躁，所以不要再說這種不現實的話了。」

對此，我必須再說一次：「那些無法殺死我的，讓我更加堅強。」

ＩＭＦ外匯危機的痛苦沒有殺死韓國，反而變得更加強大。因此，二〇〇八年發生全球金融危機時，比起ＩＭＦ外匯危機那時，韓國人更有能力撐下去。我想用「痛苦的學習效果」來解釋ＩＭＦ外匯危機的經驗。

正如尼采所說：「痛苦可以藉由學習，讓幼苗長成能夠承受殘酷世界的大樹。」樹木因此擁有能承受颱風的柔軟且堅硬的樹枝，以及深且結實的樹根。

我現在要比較ＩＭＦ外匯危機和新冠疫情的經濟指標，訴說韓國人如何利用痛苦的學習效果成長。

看ＩＭＦ外匯危機時的經濟指標時，我們單純只比較利率、股價、匯率、房價等項目，下面以一九九七年十二月以後的經濟指標為例。

股價不但跌至谷底，跌幅甚至看不到盡頭，匯率也突破一美元兌兩千韓元，利率更超過了三〇％。由於房價大幅下跌，導致房東無法將全租的押金還給租客，使租客不得已只能用已經付出的押金收購房東的房子。

ＩＭＦ不顧當時韓國的經濟已不景氣，強行調高利率，造成企業紛紛倒閉。失業者不得不上山消磨時間，清除無處抒發的絕望和憤怒。

韓國綜合股價指數（Korea Composite Stock Price Index，簡稱ＫＯＳＰＩ。

在臺灣，類似的股市代表性指數，為臺灣加權股價指數）在一九九七年外匯危機前，一度超過一千點，卻在一九九八年下降到五百點以下；首爾市某間三十三坪社區公寓在一九九七年價值三億韓元，隔年卻跌至一．五億韓元（約新臺幣三百一十四萬元）。

至於匯率，一美元在一九九七年四月能換到八百九十一韓元（約新臺幣十八元），到了同年十二月，卻上漲到一千九百九十五韓元（約新臺幣四十元），美元價值對韓元暴漲約兩倍，韓元價值瞬間暴跌。

IMF利用高利息政策，將利息提高到三〇％。銀行借不到錢，導致人民無法順利取得遮風避雨的家，最後只能流落街頭。而資本家選擇把錢存入銀行賺取利息，或反其道而行，到處收購市值降低的廉價房子。幾年後，隨著房價恢復，資本家靠當時買的房子大賺一筆，導致貧富差距又更拉大。

IMF外匯危機對韓國人來說相當慘痛，人民因痛苦而成長，多虧如此，二〇〇八年全球金融危機時，韓國才得以順利克服。外匯危機至今過了將近三十年，面對疫情，韓國應對得非常好。單就股價、匯率、房價、利率四個經濟指標來評價，迄今為止韓國的應對成績，還算不錯。

韓國綜合股價指數從二〇二〇年一月的兩千兩百點，在同年十二月超過了兩千九百點。透過「東學螞蟻」（按：螞蟻比喻韓國的散戶，螞蟻雖小但卻有著驚人的協作力量）的集中買進，擋下了外國機構投資者的拋售，可以說螞蟻維持了韓國股票市場的穩定。由此可見，韓國人對金融資本主義體系的理解度提高了。

韓元對美元的匯率從二〇二〇年三月最高一千兩百八十韓元（約新臺幣二十六元），在二〇二一年一月回落至一千零八十二韓元（約新臺幣二十二元），這與IMF外匯危機時的情況相反，因為韓元價值相對來說具有安全性。由於人們認知到房子是低風險資產，所以紛紛把目光移到這裡，房價因此上漲，人民對於金錢和資產的洞察力也提升了。

令人驚訝的是，隨著實施量化寬鬆政策，人民大都為了因應貨幣貶值，轉而投資股票和房地產，展現了經濟專家的面貌。

韓國大幅提升應對危機的能力，如果以現在的經濟知識應付一九九七年的外匯危機，或許不會那麼痛苦了，我會如此強調經濟知識的原因就在於此。

對經濟來說，最危險的敵人是不確定性和不安。當我們被敵人包圍卻選擇無視，就像把頭埋在土裡的鴕鳥，最終會被獵人獵捕。我們不能以為這樣就可以躲過危機。

只要確信現在經歷的痛苦會讓自己成長，那麼普通的痛苦就會有餘力且快速解決。彙集這些經驗，產生可以觀察世界的洞察力，然後與他人互相分享意見，將累積看透世界的智慧。

痛苦和知識如數學法則。痛苦是減法，要減去大於或等於零的數字，才會變小；知識是乘法，必須乘以大於一的數字，才會變大。要用大於零的心態控制你的痛苦，並且分享你手上大於一的知識。

第 2 章

投資的錢、花掉的錢、保本的錢

1 賺錢的三種管道

經濟是科學和藝術、生活和幸福的基礎，所以每個人都要學習經濟，然而許多人長期被勞動收入束縛。所謂收入，指個人以提供勞動、土地及資本參與生產後，所獲得的財物，也就是賺錢。資本主義社會裡，賺錢方法分三種：

- **勞動所得**：根據僱傭契約或僱傭關係，勞動者提供勞動力後，獲得的一切代價。無論職位高低，大部分上班族都屬於這一類。順帶一提，多數人起初都是從勞動收入開始。
- **事業收入**：透過個人事業取得的錢財，亦即生意所得。無論是小店面或大事業，獲得事業收入的人都是企業家。

- **資本收入**：除了投資在自己事業的資金外，還包括透過出資或財產所賺到的金錢，也就是用錢賺錢。我把這種用資本賺錢的收入，稱為「資本主義的精髓」，懂得建立用錢賺錢的收入結構之人，就是資本家。

人們以這三種身分生活，不屬於這三種的，被稱為失業者，其人生沒有收穫，在資本主義社會裡，會生活得非常辛苦。

接下來，我會比較一些網路名人，藉此說明每種收入的優缺點。雖然都是收入，卻又各不相同，因為勞動者、企業家、資本家賺錢方式都不一樣。

1. 南韓歌手羅勳兒與南珍

羅勳兒和南珍是一九七〇年代韓國歌謠界的兩大山脈。

羅勳兒是創作型歌手，透過自己作詞、作曲，打造出許多熱門歌曲。只要收取版權費，便可以充分維持經濟生活。對於他來說，版權就是資本。版權在資本主義社會中，比只靠勞力賺得更多；南珍幾乎沒有親自作詞、作曲，他必須參加表演或電視節目等，靠體力賺錢。

也就是說，羅勳兒的錢來自資本收入，南珍則是勞動所得。

當藝術家擺脫經濟限制時，其藝術作品就會散發光芒。英國有一位作家名叫維吉尼亞・吳爾芙（Virginia Woolf）。因繼承了一筆遺產而獲得經濟自由，所以可以寫出像《燈塔行》（*To the Lighthouse*）這種無須顧及大眾，只專注於體現自己藝術世界的作品，進而成為偉大的女性小說家。經濟上的自由，給她帶來藝術上的自由。

2. 部落客鄭故事與烤肉店創業論壇（烤創聚）版友

鄭故事就是我，烤創聚版友是我朋友。我從二〇一四年開始，在網站NAVER上寫部落格，而朋友在該網站建立論壇並發布文章。七年過去，我依舊每天發表一篇文章，而朋友的論壇有二十萬名會員上傳文章，他現在只需要管理論壇的運作。

我雖然還在「寫作勞動」，卻沒有收益，但他只是管理論壇，卻可以賺到不少錢。之後朋友還以此為基礎，將論壇擴張成畜產品線上平臺事業。起初只是單純的交流論壇，後來卻擴大成線上電商事業，今後還會更進一步擴展。

由此來看，我至今還是勞動者，而朋友已成為企業家，並以自己的事業收入為基礎累積資本，成為了資本家。

在資本主義社會裡，最快的致富方法就是擁有口袋深的父母。從父母手中得到贈與或繼承，是躋身企業家或資本家行列的捷徑。然而，人無法選擇父母。大部分人必須從勞動收入開始。我們應從這時就要制定收入策略，其核心是擺脫勞動者思想，改用企業家或資本家思想來武裝自己。

羅動兒的作詞、作曲能力，還有我朋友的企業家思維，都屬於這個範圍。他們懂得利用與人的合作、技術，以及資本力量的經濟觀念和能力。我希望各位能了解收入的本質，並努力培養經濟觀念，不要像我長時間停留在勞動者的身分。

收入，就是金錢進入自己的口袋，有收入才會有支出，才能累積資產。這是經濟的基礎，如何取得收入是人類永遠的課題。

學習經濟的根本原因，是為了理解收入的過程，我們應該**將收入分為勞動、事業以及資本等三種**，並具體了解其概念，而不是單純理解成賺錢手段。

我長期以為勞動收入是最棒的，結果錯過其他賺錢方式。這就是為什麼，我深深希望每個人都能帶著具體且多元的經濟觀點生活。

每到連假的最後一天，勞動者也許會因隔天要工作而覺得有壓力；企業家應覺得明天的工作很快樂；對資本家而言，每天都是休息日。希望我們都至少過著像企業家的生活，如果可以，就過有如資本家的生活！

我們的生活九〇%都和錢有關。學習金錢、經濟，就是學習生活的本質。

2 從生活到存錢，都靠複利

「複利是超越日常規律的法寶，也是時間帶給我們的成功魔法。」人們會在生活中談論儲蓄，卻未曾明確認識儲蓄是什麼，也沒意識到其重要性。儲蓄就像人、生命、自然、空氣、水一樣珍貴，但我們卻因太常聽到這兩個字，所以不自覺忽略它。

在消極意義上，儲蓄是指收入中，沒拿去消費並存起來的錢，從積極角度來看，則指定期存錢，讓本金慢慢累積利息。其最大特點是完全沒有損失本金的危險，由於本金沒有損失，所以人們會一點一點的把錢放進銀行，最終累積成一筆資金，這也是儲蓄的最大作用。

然而，有時銀行因發生擠兌（按：bank run，指銀行或金融機構被大批的存款客戶要求提款領回自有的儲金）而破產；也有巧妙偽裝成儲蓄，實際上卻是基金的商品。

照理說，儲蓄產品和其他金融商品有明顯區別：儲蓄，以儲蓄和利息收益為目的；基金，以投資為目的；保險則是為了分擔風險。但最近有些金融商品巧妙設計成混合型，讓人難以區分究竟是儲蓄、基金還是保險商品。

為了不被欺騙，我們必須具備一定的金融知識，也要理解儲蓄的明確意義、細心檢視其中隱藏的風險。

在高利率時代，利用在銀行儲蓄，可以很快存下一筆錢。然而，若遇到低利率時期，錢存在銀行裡很難賺到錢，可以說，靠儲蓄賺錢的時代結束了。

現今正從儲蓄時代轉變成投資時代。

雖說儲蓄是穩定的，而投資有風險，但在低利率時代，我們不得不冒險投資。正因為面臨利率降低、貨幣量增加、貨幣價值逐漸下降的金融資本主義時代，我們需要盡可能研究具投資效果的金融商品，而非在高利率時代才有用的儲蓄。

在此之前，大家得先知道基本的儲蓄種類及其用途。一般銀行常見的儲蓄存款有三種：

- **活期存款**：自由存入和領出的銀行存款。這類存款利息大部分是一%（按：在臺灣，銀行的活存利率多落在〇．六%至〇．八二五%之間），像保險箱一樣，只是讓我們把錢存起來。
- **定期整存整付存款**：這是約定好在一定的期限內不要求退款，將錢存入銀行，銀行再對此支付一定利率之利息的儲蓄性存款。
- **定期零存整付存款**：約定時間內，每月存入一定金額，並在期滿日獲得約定金額的分期式存款。可以每月累積，同時達成節約和儲蓄目的。定期存款是利用複利效果存錢的代表性商品。

複利效果最初源於銀行使用的經濟術語，銀行有單利和複利兩種計算利息方式。前者是不把前一段時間的利息加進本金，只針對本金計算下一段期間利息。而後者把每一階段獲得的利息併入本金，以合計金額當成下一段期間的本金，藉此累積利息。

有經濟觀念的人知道，看不見的利息貼補在本金上，左右著我們的生活。可以說，複利超越了計算邏輯和看得見的規律，是一種生活魔力。

其實不只金錢，生活也能套用複利的概念。只是世事都具有兩面性，所以從這個角度來看，除了正向複利效果，如運動、讀書、能力等能帶來好處，也可能出現負面複利效果，像是酒、菸、貪欲等。

正因如此，我們要設計人生，以累積正面的複利效果。

我知道複利是超越日常的存在，可以說，我現在得到的一切，都是複利帶來的成果。例如，走路和跑步都是反覆摔倒又站起來，不斷練習後得到的結果。人們是因為走路的複利效果，才能平穩走著，文章也是經過一字一句反覆練習的傑作。不論結果好壞，只有認知到一切都是複利帶來的影響，才能建立起成功的階梯。

想成為有錢人，必須知道複利效果。哪怕是一個小小的成果，也是複利效果的產物，偉大的事情更不用多說。例如：每天堅持學兩個小時英文，每週學習五天，一共十小時，與每週只選擇一天專心讀十小時，一年後進行比較這兩種方式。

如果用單利計算，兩個學習方法的時數都是五百二十個小時。然而，用複利計算的話，結果卻完全不同。假設每次可以累積額外一〇%利息的學習成果，每天學兩個小時，一年可以達到一千零八十五個小時的效果；每週只有學一天十小時，則達成六百五十三個小時。兩者相差四百三十二個小時。

除此之外，專注程度也有差異。人一天可以專心學習兩個小時，卻很難保持專注十個小時。由此可知，學英語最有效的方法就是每天堅持讀兩小時，這就是學習的複利效果。不要擠在同一天，而是每天堅持不懈的學習。只有這樣，才能藉由學習的複利效果，達成想要的目標。

錢也是。以十年為基準，每個月存兩百萬韓元的人和一年存兩千四百萬韓元的人，以複利計算時，其存款差額相差將近兩倍。像這樣將時間分成較小的單位，藉此創造複利效果非常重要。

複利效果是時間創造的魔法。如果每天、每月堅持存錢，這些錢便自動創造利息。所以，要有一定的固定收入並珍惜，**固定儲蓄比什麼都重要，這就是存錢的經濟原理**。累積一定的金額就會產生複利效果，而在這種複利效果下，錢會自己增加。

3 想存錢，先懂花錢

金錢有兩種屬性：收入和支出。現在我要談談支出——從口袋裡掏出來的錢，根據花錢目的，可分成三種形態：

- **投資支出**：包括房地產投資、股票投資、事業、開店、銀行儲蓄等。就是把錢花在將來可以賺到錢的地方，因此需要徹底的計畫。這是為了賺取更多錢而支出的必要項目，如果可以，越多越好，有錢人都是投資支出較大。
- **必要消費**：買洗衣精、菜、米、衣服等生活必需品，就是因產生需求而付錢。生活中必要的食衣住行基本支出，與其一味縮減，不如精明管理。

• **欲望開銷**：因浪費而產生的支出。消費心理有兩種，需求跟想要。所謂浪費就是在欲望驅使下的消費，人的消費欲望相當多元，有時是為了炫耀，有時則是物欲作祟。偶爾人會因分不清需求跟想要，而不小心亂花錢。

我們必須明確區分上述三種支出形式。人總認為，有收入才可以支出，然而絕非如此。想成為有錢人，支出最重要，收入則是其次。

當我們擁有的錢較少或感到不滿意時，會認為自己沒錢。事實上，根據我們如何使用，錢可能會被存起來或消失。想成為富豪，需兼備時代、運氣等諸多因素。不過，成為小富翁只需要顧及經濟上支出。有人只靠經濟上的支出成為有錢人，舉個例子：

我身邊的小富翁代表是我岳父。他用錢方式影響了妻子。我們現在能以資產家身分處世，多虧了她。我愛著妻子，從經濟角度來看，我則非常尊敬她。因為妻子只靠我的勞動收入，就賺到許多錢。

上班族的薪水是固定的。妻子卻能把我們家的資產增加到五十億韓元，全靠她用強大的意志力減少欲望和必要消費，專注在投資支出上。

岳父高中肄業，不到二十歲就務農到七十多歲。他在那個鄉下地區，是罕見擁有幾十億資產的大財主。更重要的是，現在他的資產價值還在逐年上升。其成功祕訣中，沒什麼經濟理論。我不認為岳父有今天的成就，是因知道什麼投資方法或金錢概念。

不過，即便如此，他也不是因擁有大筆收入才成為資產家。沒有投資概念，只有務農這筆不算多的收入，但他卻知道怎麼花錢。

岳父幾乎沒有浪費支出，僅維持家裡最低必要支出限度，而這筆花費也沒超過收入的一〇％，剩下九〇％全用於投資。他認為菸酒是浪費時間和金錢的東西，所以不曾碰過。透過減少消費支出，他每存下一筆資金，就將這筆錢拿去投資。投資對象包括子女、土地、牛隻。辛辛苦苦存下的錢，只用在子女教育費、購買住家周邊的土地和牛犢。

首先看他的第一筆投資——子女教育費。簡單來說，成果不差。包括我妻子在內的四個孩子中，有三人是公務員，過著衣食無缺的生活，而且個性都相當溫和，手足不曾發生嚴重爭吵。正如他在七十大壽時的感想：「感謝你們順利長大。」子女平安無事長大成人，光是這一項成果，就是報酬率最高的投資。

接著檢視第二筆投資。他的財產大部分來自土地，每當岳父存下一筆錢，就會買下附近的土地。因為他知道即使地價便宜的農村土地，也能賺到錢。每年買一點土地，現在有大片土地都屬於他，而那些土地至今還在自動幫他賺錢。投資低風險資產是創造未來收入的源頭，了解其經濟原理後，對低風險資產的投資支出起了作用。

最後一項投資是飼養韓牛。牛同時扮演累積資本的角色，現在岳父養了六十頭牛。通常一隻的價格在三百萬韓元（約新臺幣六萬元）以下，即使考慮飼料費用，養韓牛也是收益率在五〇％以上的高投資事業。這樣的投資原理，不是透過文字，而是透過身體力行習得。

雖然岳父年過七旬，還是健健康康的工作，現在家裡只剩下妻子的爸媽兩人了。他們靠水田和旱田種出來的食材解決三餐，只穿家裡現有的衣服，可以說消費幾乎為零。另一方面，牛和土地此時此刻正在自動增加資產。

他的財富不是從收入，而是從消費開始。所以，想成為富翁，先減少開支，並且規畫擴大投資支出，下一步才是增加收入。

大部分的人總想從收入尋找正確答案，而不是支出。收入是應變數，支出則是自變數，我們應該有效利用支出這個自變數。找到屬於自己的支出方式，守住金錢。

4 我們的消費有四%被習慣左右

前文提到，支出可分成三種類型。投資支出是為了賺取未來的錢，而必要消費跟欲望開銷是針對當下。現在，我們來談談消費：怎麼明智的消費。

首先，我想從自己的經驗談起。為了讀有關如何聰明花錢的書籍，我去了一家大型書店，想找一本站在消費者立場，介紹消費的書。然而，我翻閱的書本，幾乎都從企業觀點出發，專家根據自身專業分享資訊，為買家而寫的書很少見。

此時我才意識到，我雖然身為流通業專家，時常把顧客掛在嘴邊，卻沒好好了解他們究竟需要什麼商品，或該如何使用商品才明智。

我為了錢、公司而工作，從來不是為了使用商品的消費者。直到退休後的現在，我領悟到之前不曾發現的道理。沒人站在消費者的立場給予建議，對於買家來說，只能自己想辦法。

我想先分享一個關於習慣的故事：有個孩子養成一個小習慣，並帶著它到處走。但它長得比孩子快，成為比孩子更大的習慣。所以，現在變成習慣每天拉著孩子到處走。

這告訴我們要注意自己的行為，在潛意識裡，消費習慣會教唆我們買這個、買那個，就這樣支配著人的四％日常生活，換句話說，**我們的消費有四％被習慣左右**。

從現在開始，我們需要與深植於潛意識中，名為消費習慣的怪物展開戰鬥。這場戰爭是矛（賣家）與盾（買家）之戰，我們必須打造出強大的武器，以對抗挑起消費者購物欲望的企業行銷。

我二十五年來站在矛的立場，現在退休才徹底成為盾那一邊。我對矛的策略一清二楚，可以幫助消費者打造擋住賣家攻擊的盾牌。

行銷和消費者的戰爭，是一方必須攻破，另一方則死守到底。而這場戰爭由三個階段組成——事前探索戰、血拼戰鬥、購物後的使用方法。事前探索是心理戰，宣傳、促銷、廣告等都屬於此階段。血拼戰鬥利用商品來引誘消費者，而購物後的使用方法則是提高物品在家使用的頻率。

1. 事前探索戰

所有戰鬥勝負，都是由戰鬥前的心理戰決定。若事前無法壓制住對手的氣勢，這場仗就會屢戰屢敗。

韓國電影《寄生上流》中，男主角兒子基宇說：「心不會說謊，實戰講究的是氣勢！」市場行銷試圖在戰鬥開始前，用心理戰壓制消費者，他們擁有能徹底攻破消費者的頂尖武器，如有宣傳、促銷、廣告等。

我們要特別小心廣告，因為厲害的文案往往會瞬間抓住眾人的眼球。例如我兒子因被這句文案吸引：「她的自行車進入了我的心中。」而買了該品牌的T恤。他房間裡至少有十二件類似的衣服，但我卻不曾看他穿過。如果是明智的消費，至少要穿過一千次以上吧。

我們每天經過的大街小巷，包括隨處可見的傳單、廣告布條、大型海報、手機裡看到的廣告橫幅、YouTube的業配影片等，都是各大企業行銷部門設下的病毒地雷，光是看著就足以讓人感染病毒，誘發不買不行的病情。例如遊戲廣告裡出現自己喜歡的歌手，帥氣拿著槍的樣子，就讓粉絲不自覺花錢購買。

2. 血拼戰鬥

猶太人從小透過親自買賣商品，熟悉消費方法。

他們每個週末在社區公園裡舉辦跳蚤市場，拿著長大後穿不下的衣服、讀過的童話書、玩具等，在那裡賣掉自己不再需要的東西，或買下自己需要的物品。這是親身體驗實戰經濟的教育現場。

專業的行銷和消費心理學沒什麼特別，只是能辨別東西好壞的眼光、衡量物品價值的運算能力、了解消費者需要什麼東西的共鳴能力。而猶太人的子女在跳蚤市場用全身去感受並學習。

比喻來說，猶太人的孩子是經濟國家的原住民，而像我這種小時候沒機會累積經濟經驗的人，則是經濟國家的移民。經濟國家的移民追不上從小就用全身吸收經濟觀念的孩子。

韓國一直打著開發中國家口號，「消費是美德」，鼓勵無節制消費。對此，我想說一個關於汽車市場的可怕故事：韓國是典型的新型汽車之國，與其他國家相比，二手汽車市場較不活躍，因為大型汽車公司透過行銷灌輸觀念，「買二手車很不明智」，讓消費者認為買新車才是對的。

請讀者不要被這種行銷策略欺騙，現在是個在活絡經濟的美名下，強迫人們買新產品的時代。

新冠疫情改變了世界，雖然很多負面因素使經濟陷入困境，但也有正面因素創造新秩序。我認為新冠病毒為消費帶來大變革，在疫情前的世界，為了欲望消費而誕生的新商品，比人們真正需要的產品更受歡迎。不過，在疫情後，比起欲望，基於必要開銷，人們花錢在二手商品的比重逐漸增加。

二手商品是真正連接需求的交換消費商品，打破「只有新品才是商品」的想法，擴散「只要有需要，就算二手，也一樣能買」的認知。正面效果指以環境和共同體生活為基礎的消費，今後將擴散到必要開銷、價值消費等。

請記住新產品是用錢消費，而二手商品是用經濟觀念購買的。

看東西的眼光、決定產品價值的判斷力、使用商品的習慣，都來自我們的消費觀念。若想聰明用錢、省錢，就應努力培養正確的觀念。

3. 購物後的使用方法

討論買來的物品使用頻率多高、購物後明智的使用方法，將在下一節詳細介紹。記住，精明的消費簡單來說就是不花不必要的錢。

5
買東西，就是花錢買存在價值

前文提到，我兒子看了廣告後，買了十二件印有自行車圖案的T恤。那些衣服大部分只在剛買的二十天內穿過，之後就掛在衣架上三百四十五天。

我一位朋友說：「世上最帥的男人是第一次見到的男人，而最好看的女人是初次見面的女人。初見彼此的那一瞬間，最能感受對方的魅力。」

商品也一樣，在眾多商品中，最有魅力的就是新品。不過，我們不能因為心動就盲目購買。否則一不小心，房間就會堆滿雜物，讓生活變得一團糟。

再說一次，所謂明智的消費，就是只買必要的物品，並好好使用。

現在我要分享整理技巧，整理為第一步，接下來才是整頓。

首先，整理是根據需要來分類物品。分出必要和不必要，然後丟掉不必要的東西。兩個問題能幫助我們判斷：「我最近使用過這個東西嗎？」、「這個東西還會讓我心動嗎？」

如果是無法割捨的東西，就再自問一次。如果一年內都沒有使用過，就爽快的捐贈給二手商店或送給需要的人，這是對該物品的禮貌和愛，像這樣分類該清掉且不必要的東西，將空間極簡化的過程就是整理。

接下來是整頓，替各項物品找到最佳位置，讓自己一眼就可以看到所有物品的擺放處。整頓不需要一次完成，重點在於明天、後天，甚至大後天都會持續進行。

美國前特種作戰部司令官威廉．麥克雷文（William McRaven，著有《唯一輕鬆的一天，是昨天》〔*The Wisdom of the Bullfrog*，大是文化出版〕）在德克薩斯大學（University of Texas）畢業典禮上說道：「每天早上收拾好床鋪，代表完成當天的第一項任務。」起床後收拾床鋪不是一件小事，而是一天中最重要的事。**成功的人都會堅持做好瑣碎小事，所以財富和成功會跟在這樣的人身**

邊。這就是為什麼我強調整理與整頓，為了正確使用物品，必須把其數量依用途減少至一、兩樣。

我用兒子喜歡的T恤說明。他高中時買了一件白色衣領的T恤，每次穿過後都會用漂白粉清洗。只有一件時，兒子是如此珍惜，但後來他又買了幾件，自此再也沒穿過那件T恤。在因廣告買了十二件衣服後，對最初那件T恤更是置之不理，可以說，每買一件衣服，原本那件T恤的價值變逐漸下降。

這就是為什麼我說丟掉不需要的，留下一、兩個需要放在身邊的，如此一來，留下的物品才能經常被使用。

我清楚記得兒子高中畢業典禮結束後，回家收拾房間的那天。他輕易丟了教科書、參考書和制服，但看著那件白色T恤許久，最終把它放到分類回收，明智的消費就在使用物品的過程中，感受物品的本質。用過一次就丟掉，是對該物品不禮貌，會扼殺其壽命。

如果不是會用到的東西就不要買，一旦購買，就要使用並感受物品本質。這就是消費觀念，也是經濟觀念。

無論生命或其他東西，其中都蘊含生活的智慧、幸福以及本質。不論是書、衣服、包包……從被製造出來的那一刻起，都蘊含著看不見的器皿，讓人們能把生活慢慢裝進。

買東西，不只是買下物品，同時也買了它的存在價值，以及現在、未來的用處。經常使用，讓時間、精力和感情滲透到物品上，而這些會成為回憶和生活。體會物品的價值，才算真正學習到明智消費法。

6 世上不存在好的稅金

英國前首相溫斯頓．邱吉爾（Winston Churchill）說：「世上不存在好的稅金。」不管是英國前首相，還是一般市民，都一樣抗拒稅金。

如果不是抗稅太嚴重，法國財政大臣巴蒂斯特．柯爾貝（Jean-Baptiste Colbert）怎麼會說：「向人民抽稅，就像拔天鵝的羽毛一樣，關鍵是要盡可能的拔毛，卻又不讓天鵝覺得痛。」從國家成立到現在，徵收稅金的技術已發展到能無痛壓榨人民血汗錢。

稅收為何如此複雜？隨著社會結構多樣化以及國家功能擴大，稅金越來越多變。過去的稅收結構簡單明瞭，東方世界採取「租庸調制度」（按：隋唐時期一度實行的賦稅和徭役制度），只要繳納三種稅金。

租，指人民使用土地，並向國家繳納農作物作為使用代價。

庸，是對國家無償提供勞動力，主要是徵收人力。

調，則指向國家提供特產品，以每戶為單位徵收。

簡單來說，東方世界只要繳納土地稅、勞動力、特產三種費用即可。而西方世界在古羅馬時代，也是分為直接稅和間接稅等單純結構。

早期的稅收制度，是為了從農業和商業的產業結構中，徵收稅金而設置。然而，十八世紀後，隨著產業發達，社會結構日趨複雜，稅收制度也更加多變。因認為稅金複雜且令人頭痛，許多人一聽到這兩個字就皺緊眉頭，他們認為自己只要誠實繳稅就好，不用太在乎詳細內容。再加上稅金隨時可能出現變化，所以多數人不會考慮自己繳了什麼稅，也沒想過負擔多少才合理。

我想說的是，至少要細看稅的種類及徵稅標準。必須知道所得稅、消費稅、財產稅等基本的稅金種類。首先來看稅金的種類和特徵，每個人都必須了解稅金如何分類，掌握四項分類標準，及根據該標準分類的稅金有何特性：

- 納稅主體分為直接稅與間接稅：前者是負擔稅金的人和繳納的人相同。其中，最具代表性的是所得稅。後者則是負擔稅金的人和繳納的人不同。最具代表性的就是增值稅。
- 根據徵收的主體，分為國稅和地方稅：國稅是中央政府可支用的稅收，最具代表的是所得稅。地方稅是由地方政府徵收，最具代表的是房屋稅。
- 根據徵收目的分成普通稅和目的稅。
- 根據稅源分為所得稅、消費稅和財產稅。

了解稅收標準後，就知道稅金如何課徵，也能判斷自己被課哪些稅。就個人來說，需要知道所得稅、消費稅、財產稅。像這樣區分後，我們得思考稅金是多少以及負擔是否合理。其中，比重最大的是所得稅，約占普通稅金三〇%（按：據資料顯示，臺灣在二〇二三年稅收，所得稅系比重達五五%）。賺多少就按稅率繳納，這就是合計個人年收入後徵收的綜合所得稅。

這種課稅方法可追溯至古代農業社會。當時沒有私有財產，土地都是國家的，國家借地給人民農耕，按收成徵稅。現在的所得稅，就是延伸此概念。

根據收入級距適用不同稅率。根據課稅標準區間，稅率從六％到四六％不等（按：在臺灣，所得稅率為五％至四〇％）。賺多少就必須繳納多少所得稅，此外，上班族會提前從薪水中扣除稅金，並透過年末結算（按：類似於臺灣的報稅）總結。若符合消費條件或免稅年金，就可能退稅，所以多數人較沒那麼反彈。

消費稅屬於間接稅，也就是政府對商品或服務徵稅（按：臺灣同時課徵加值型營業稅〔屬增值稅〕或非加值型營業稅〔屬銷售稅〕，購買商品或服務時，均使用含稅價格。從一九八六年起至二〇二五年的消費稅率為五％）。

最後是以個人私有財產為基礎的財產稅。政府對於個人或企業所擁有的不動產、動產等財產徵收的稅金。不動產包括土地、建築物、房屋等，動產則包括股票、債券、現金、存款等。

稅金是中央和地方政府為了使用必要經費，向國民或居民徵收費用。也就是說，國民或居民有收入、消費、透過資產取得利益或轉移、持有資產時，國家將以此為依據徵收稅金。

稅金會根據程度分成三種：看得見的稅金、看不見的稅金，以及若隱若現的半透明稅金。

看得見的稅金是財產稅，針對自己擁有的財產繳納稅金。財產稅是因取得、持有、轉讓、贈與、繼承財產等，而繳納的稅金。

看不見的稅金是消費稅，我們購買商品和服務的價錢中，也包含了稅金。半透明的稅金，指的是所得稅，我們透過財貨和勞務賺錢所產生。課稅標準是賺越多，繳越多。

到目前為止，政府大幅提高半透明和看不見的稅金。因為對收入徵收的稅金，人民至少有負擔能力，所以容易徵收。然而，想靠提高所得稅來確保國家財政的做法也到了極限，因此只能向其他稅收項目伸手。

所以，想成為有錢人，一定要知道稅收制度。因為只要移動和持有資金，就會產生稅。稅收適用的正是逆向的複利效應，也就是累進稅率。

稅金附加在所有賺錢的收入及消費上，也會發生在省吃儉用存下的財產上。收入必須繳納所得稅，而消費必須繳納增值稅等。財產稅則包括購入資產時繳納的取得稅、擁有財產時繳納的持有稅、轉讓時繳納的轉讓稅、繼承時繳納的繼承稅。除此之外，還有針對房地產特別徵收的綜合房地產稅。有錢人了解這些稅金結構，而一般百姓為此頭疼卻不願了解。

有錢人懂得如何透過節稅存錢。尤其當他們的財產越多，就越精通稅收制度。富豪為了減少繼承稅，花了無數心思在節稅。而一般人民即使不能像富豪一樣僱用管理稅金的專家，也要知道基本的稅收制度，以免因為不懂稅金而蒙受損失。就算感到厭煩或頭痛，稅收制度還是人人必修課題。

7 培養鷹眼、蛇腦、狗鼻

跟大多數人不同，我在二十七歲才成為大學生。我在高中二年級第一學期時休學，接著虛度了十年，才重新讀書、考大學。因為比別人晚念大學，所以我深刻感受到，比起沒有長假的職場日子，校園生活多麼美好。

我在一九九二年入學，當時我雖然比別人晚才開始大學生活，但同學們以對待同齡人的態度跟我相處，並幫我取了綽號，叫 Uncle。

入學那年，媒體總形容我們這一屆如不按牌理出牌的怪人，並稱我們為「X 世代」。同年，南韓男子團體「徐太志和孩子們」橫空出現，他們就像是 X 世代的象徵。該團體在當年參加綜藝節目《愉快的星期六》後，逐漸打開知名度。從那時起，一九九二年入學生除了被稱為X世代外，還被稱為「徐太志和孩子們的世代」。

「我知道。隨著這個夜晚的逝去，有一個人會離我而去。」當時大街小巷、咖啡店等，到處都聽得到該團體的歌曲〈我知道〉。然而，在我畢業的一九九六年，他們突然宣布解散，我和這個團體一起度過了大學四年。

我提到他們，是想談談他們解散後的人生。觀察他們如何將藝術或技術轉換成事業及資本，對身為普通勞動者的我們有很大的啟發。

我把依靠藝術謀生的人分三種：

1. 藝術勞動者

顧名思義就是利用藝術，勞動賺錢餬口的人。技術指人們學習用於社會活動之技能、經驗、知識後，創造出來的絕妙手藝或才華。此外，藝術是在蘊含精妙的手藝或才華的技術上，賦予靈魂之美的水準或境界。這項技術和藝術一樣是勞動所得的工具。

無論技術或藝術，利用它餬口是屬於「者」的勞動領域，所以我們稱之為勞動者或技術人員，他們只有從事藝術勞動才能得到一頓溫飽。必須持續從事演出音樂、畫畫、寫文章，才能賺錢維生。如果身體不舒服或擁有的藝術價值下降，就會瞬間墜入深淵。最具代表性的藝術勞動者——法國畫家高更（Eugène Henri Paul Gauguin）、荷蘭畫家梵谷（Vincent Willem van Gogh）、韓國畫家李仲燮，他們在世時，過得非常悲慘。

2. 藝術資本家

這類藝術家將藝術轉化為專利、著作權等，無須付出勞動，也能透過版權費、版稅，持續賺錢。

3. 藝術企業家

藝術企業家擁有把藝術視為事業的眼光。和藝術領域的能力不同，企業家需要具有五種能力——挑選專案的眼光、執行事業的腳、收集事業資源的手、將眼睛和手腳系統化的腦、嗅出危險味道的鼻子，利用這些能力創造事業，這類人要培養商人氣質。

為了更容易理解，我以徐太志和孩子們解散後，三名成員的生活為例來進一步說明。

首先，成員李朱諾（原名李尚宇）是藝術勞動者，他是舞者，在舞蹈方面具備最優秀的技術和藝術。但人上了年紀後，就無法跳的跟原本一樣完美。據說，他在團體解散後遭遇經濟困難。不僅如此，勞動者是很難成為經濟生活主宰的職業，這類人在經濟不景氣或危機來臨時，最先跌入深淵。

徐太志（原名鄭鉉哲）為藝術資本家。他利用發行唱片、拍攝廣告等勞動收入，獲得房子和建築物等資產。另外，由他作詞、作曲的歌曲為他帶來著作權收入。其資產和版權費讓他即使不工作，也可以繼續賺錢。這是想靠藝術生活的人，普遍想過的理想生活。

最後一位成員梁玄錫是藝術企業家。他整合事業和資源，成立大型跨國ＹＧ娛樂公司。其市值在今天達到九千七百億韓元（約新臺幣兩百零三億元），這並非藝術資本家可比擬的規模。

年輕時，或許只能成為勞動者。即便如此，頭腦也要時刻探究生活的基礎。不管在哪種職場都一樣，不要滿足於勞動收入，應將勞動收入轉換為資本收入或事業收入，時刻準備好未來。

若想培養商業能力，要時時記住五種經濟觀念：**用鷹眼看世界變化**、用小孩的手立刻執行，並且用腳走遍世界各地，藉此擴大視野。同時，我們要**用跟蛇一樣冷靜的頭腦，用系統性思維看待世界，再用狗的嗅覺戒備隨時可能出現的危險**。

8 貨幣和經濟的關係

人們雖然把錢掛在嘴邊，卻無法明確回答和：「錢財是什麼？」明明一句話都說不出來，卻迫切想要擁有錢。對於大部分人來說，金錢常常是今生無法觸及的海市蜃樓。例如，使喚某人、住高樓層公寓、有司機駕駛的高級轎車。但這些都不是金錢本質，只是表面。

金錢本質通常指三個功能：代表事物價值的標準、交換商品的媒介、累積私有財產的對象。此外，更重要的是知道「錢的屬性」。

接下來，我要說一些故事來幫助讀者理解什麼是錢的屬性。

韓國在二〇〇九年六月，發行五萬韓元（約新臺幣一千元）的高額紙幣。

在這之前，人民曾針對五萬韓元紙幣應採用哪位偉人肖像，而發生爭論。最後，文學家申師任堂成為首位獲選為被畫在紙幣上的女性。沒想到紙幣發行後，出現很多意見。

我認為這些爭論只觸及到表面。事實上，更需要被重視的問題，是貨幣貶值。貨幣繼一百、五百、一千、五千以及一萬韓元後，竟出現五萬韓元紙幣。甚至聽說在不久後，可能會出現面額十萬韓元的紙幣，這代表貨幣價值逐漸下降。人們看不到核心，只會指責物價上漲（通貨膨脹），可以說是弄錯金錢價值下降的原因。

更進一步分析，其實我們使用的物質根本價值，不會發生那麼劇烈變化。因為商品需求和供給落差沒那麼大。例如，一九九〇年與二〇二〇年公寓供需平衡差異小。若將公寓供應量與居住需求量相除計算，不會超過兩倍。

然而，韓國首爾市狎鷗亭某公寓的價格上漲近四十倍。以貨幣價值來看，公寓價格上漲二十倍，代表幣值下跌將近二十倍。隨著時間流逝，金錢越來越一文不值，五萬韓元紙幣象徵著韓國進入「金錢不再保值」的時代，我們必須知道這個事實才能理解金錢本質。

或許有人會說：「反正每個人的錢都貶值了，這很公平。」其實並非如此。在商品的根本價值沒有減少的情況下，我們必須正視金錢價值下降。

學過經濟的人認為，即使不靠勞動賺錢，擁有或用第一桶金購買價值不變的東西，包括公寓、債券、金或銀等，資產會自動增加；只要仔細觀察實際資產和貨幣的關係，錢就會主動來到我們身邊……這個世界正被塑造成金融資本主義世界，只有錢才能賺錢的，所以有錢人可以賺得更多。

為什麼現代社會變成金融資本的環境？只有學習、了解經濟史上與貨幣相關的三個事件，才有辦法預估未來會如何生活。金錢也一樣。

1. 一六九四年，英格蘭銀行誕生

英格蘭銀行是第一家現代銀行，且首次發行基於國家債務的國家貨幣。目前世界各國以此為基礎，發行自己國家的貨幣。以韓國為例，韓國銀行（中央銀行）發行由韓國政府保障的資金，並於各商業銀行流通。錢不是由國家發行，國家是債務人，以國民稅金為擔保發行債券，向韓國銀行借貸發行。

世上第一個啟動的貨幣發行系統，是英格蘭銀行。在此之前，金錢不是紙幣，而是用金、銀、銅等金屬製作的硬幣。現代紙幣以英格蘭銀行為起點，成為由中央銀行發行並流通的系統，現代化的金錢概念才誕生。

紙幣一開始是用來當成黃金保管證。如果黃金存入銀行後，會拿到借據。後來，隨著它像貨幣一樣經常被使用，而成為紙幣。

2. 一九四四年，布列敦森林制度

布列敦森林制度（Bretton Woods system）開啟了「美元全盛時代」。該制度將一盎司黃金定為三十五美元（約新臺幣一千一百三十三元），並使各國貨幣匯率的中心固定為美元，就此讓美元成為世界各國貨幣的匯率中心。簡單來說，美金成為世界貨幣。這就是「黃金本位制度」。

簡單比喻黃金本位制度，假設你身高一百八十公分，現在以你的身高為標準，來比較所有男性，身高一百八十五公分的人就是加五，而身高一百七十公分則為減十。

也就是說，黃金本位制度以美元為基準，衡量各國貨幣的價格。如果今天的匯率是一美元兌一千一百五十八韓元（約新臺幣二十三元），代表一美元可以兌換成一千一百五十八韓元。若今天一美元的匯率變成一千韓元，代表以前需要一千一百五十八韓元才能兌換到一美元，現在卻只需要付出一千韓元就可以獲得，表示韓元升值了。

3. 一九七一年，尼克森衝擊

布列敦森林制度雖然讓美元成為世界貨幣，但在一九七一年，前美國總統理察・尼克森（Richard Nixon）採取的一系列經濟措施中，暫停美元跟黃金的兌換。如果用另一種說法來形容，就是「從現在開始，我要隨心所欲發行世界的金錢」。

或許，國際社會的經濟倫理，還比不上一群小學生的水準。自己隨便發行紙幣然後亂花，這種邏輯根本不合理。從那時起，美國制定了貨幣系統，只要自己有需要，不管其他國家怎麼樣，都可以隨意印製紙鈔。

韓國經歷一九九八年IMF外匯危機，實際上也是因為美國貨幣政策而做出的犧牲，二〇〇八年的全球金融危機也是如此。就這樣，世界開始通貨膨脹，該現象甚至變成日常生活的一部分，也就是進入金錢不值錢時代。

對於錢的屬性之定義，以下整理成三點：

- 英格蘭銀行建立現代的貨幣發行系統，開始出現現代的金錢。
- 布列敦森林制度使美元成為世界貨幣。
- 尼克森停止兌換黃金後，美國隨心所欲擁有世界的錢、貨幣發行權。

美國將以低利率增加現金的流動性，如果無法達成這一點，聯邦準備制度（Federal Reserve System，簡稱FRS）就會發行紙幣。當美國購買國家債券，美元貨幣量就會增加。反之，若美元貶值，則增加對各國的出口，將美國的包袱推給世界。這樣一來，其他國家都會受到打擊。更可怕的是，一九九八年外匯危機時，美國已經用美元資本搶走韓國的銀行及大企業的股份。

我認為錢的價值會繼續下降，投資價值不變的低風險資產的理由就在這裡。希望可以讓大家看清金錢的屬性，理解什麼是避險資產。

德國銀行家邁爾．阿姆謝爾．羅斯柴爾德（Mayer Amschel Rothschild）曾說：「只要我能掌管一個國家的貨幣發行權，誰當國王我都無所謂。」

貨幣發行權被少數幾個人左右，這就是金融資本主義世界。也就是說貨幣的價值根據數量浮動。我們身處在這樣的社會中，需要明確理解貨幣和經濟之間關係的知識，否則將會難以生存下去。

第 3 章

讓錢翻倍的技術

1 關於股票，我想提醒兩件事

有天，兒子對我說：「我想學習股票投資。打算抽出一半薪水，從購買小額績優股開始，所以想請爸爸教我看財務報表。」聽了他的話，我非常欣慰。如果他當時問：「哪支股票比較好？告訴我一支績優股！」我不會讓他碰股票。

很多股票小白抱持「在最低點買進、在最高價時賣出」的意圖，希望別人推薦股票。可是，玩股票的第一步，是必須了解自己想投資公司的財務狀況。大部分人都忽略這個重點，直接開始投資。

說明財務報表前，我們先來了解股票是什麼。

股份是構成股份公司資本的單位，代表金額、以該金額為前提的股東權利及義務。這裡的核心是「構成資本單位的金額」。這是為了實現資本，而接受投資或進行投資的資金。因此，投資人知道投資對象是誰很重要。

簡單來說，借錢給別人時，要仔細檢視對方的能力和資本狀態。投資股票，卻不知道投資公司的財務狀況，就像不知道對方是怎樣的人，就把錢借出去一樣。人會仔細查看小錢，卻疏忽制度內形成的大規模巨款。

很多人買股票不看該公司資本流向。是因認為財務報表很難仔細深究，就算看了，也不理解。事實上，財務報表準確顯示公司的狀態，所以讓人覺得艱澀。但只要搞懂其中的邏輯，財務報表會是你最誠實的朋友。

閱讀順序很重要。首先看銷售額和營業利潤。前者可顯示該公司規模，後者能讓我們知道該公司成果。只要知道事業規模多大，就可以了解該事業能創造多少利潤。接著，比較銷售規模和營業利潤與該公司的市值即可。

舉例來說，A公司股票面額是五千韓元，前日收盤價十萬韓元，市價總額為六兆六千億韓元（約新臺幣一千三百二十億元）。而A公司的年銷售額為兩千億韓元（約新臺幣四十億元），營業利潤則為二十億韓元（約新臺幣四千萬元），其營業利潤率是一%。

蘋果（Apple）每年營業利潤率為二〇%至三〇%；三星電子則在一〇%到二〇%之間。與此相比，A公司營業利潤率一%低到不像話。從財務報表來看，股價讓人完全無法接受。

像這樣，只計算年銷售額和營業利潤，就能發現A公司的股票行情趨勢異常。若想更進一步深入了解可疑股票趨勢的原因，就要觀察社會狀況、季度或半年的股票趨勢等股票變數。異常可以由自己察覺，分析異常則交給專家。

擁有一雙慧眼，可以準確理解現在的財務狀況，並知道主要變數為財務狀況帶來什麼變化。如果不知道這些，光靠股票市場的數據趨勢投資股票，對經濟學習沒有任何幫助。

兒子曾對我說：「我要一邊用股票學習經濟，一邊賺零用錢。」而我想告訴他：「如果不想看財務報表，只想利用學習股市的數據趨勢賺零用錢，乾脆別做了。」

目前為止，我們談論的是在股票這片森林（股市指數）裡的一棵樹（財務報表）。從現在開始，要談談這片森林。股市指發生買賣股票行為的市場，也就是證券交易所。

韓國綜合股價指數市場，是韓國交易所上市公司的有價證券流通的市場。

假設某天的KOSPI指數為三千點。我們要正確知道三千這個數字有什麼意義，才能了解股票並投資，進而培養觀察股票的眼光。

簡單來說，KOSPI就是綜合股價比較數值。例如，KOSPI將一九八〇年的市值總額設定為一百點，自此之後藉由股票交易讓資金流入股市，使金額增加比例。如果KOSPI是三千點，就代表與一九八〇年的市值總額基準相比，市值總額增加約三十倍。

了解現在KOSPI的正確意義，可以試著預測今後KOSPI市場會如何變化。例如，為了刺激因疫情而停滯的經濟，如果向市場投放資金，實施量化寬鬆政策，未來流動資金除了股票之外，將沒有其他可以投資的地方，結果造成資金持續流入股市。這樣一來，KOSPI會持續上升。

只要知道基本框架，就可以預知趨勢。同理，了解股市指數後，看上市股票圖表，就可以輕易理解走勢。

接著，我們來探討股票是怎麼被創造出來的，也是股票存在的理由。

從過去到現在，每一種事業都隱藏危險，股票概念首次登場的十六世紀大航海時代更加危險。當時人們思考如何分散風險，同時從海上貿易獲取高額利潤。他們想到的方法，就是名為股票的證書。

許多人一點一點的提供航海事業所需資金並領取證書。這種證書的條件是，萬一事業不幸失敗，這張證書就會變成一張廢紙；如果成功，就會按利潤比例得到分紅。用現在的話來說，就是投入資金並自行承擔相應風險，如果成功，就可以依照投資比例獲得巨額利潤。

當時，海上貿易的風險很大，而且很難由一人負擔所有的資金。如果多人各自承擔一定的比例，就可以獲得巨額，同時分散風險。股票制度就這樣誕生了，在現代，股票已發展成在消除事業風險的同時，募集巨額資本，並擴大個別存在的小規模資本市場，讓任何人都可以參與買賣。

如果沒有股票，資本主義就不會像現在這樣發展。股票制度是資本主義的亮點。所有事業在初期需都要投入巨額資金。光靠自己手中的錢不可能成功。因此，才會出現藉由股票制度募集資本。

然而，韓國人強烈認為股票很危險，「一旦經商就會身敗名裂」的意識，在韓國人腦中根深柢固。

這是因為事業是用自己的錢投資。在韓國，九五％經營者屬於個人經營，大都是獨自建立企業或和少數幾人合夥。個人經營者在三年內存活下來的比例不到三五％，有六五％會倒閉。人們因此產生印象：「做生意最後都會倒閉」、「如果和人合夥，最後一定會完蛋」。股票制度因此在韓國未能扎根。

只有了解股份公司，才能培養投資股票的眼光，但過去韓國人卻迴避投資股票。到了現在進入金融資本主義時代，學習股票投資已是不可或缺的經濟觀念。投入事業要先累積長期的經驗，並制定堅固的事業項目。藉由股票投資事業或取得投資，才是明智做法，然而人們過去將其視為投機而下意識迴避。

我們要學習投資股票，藉此拓寬理解產業經濟趨勢的視野。不過，關於投資股票，我想提醒兩件事：

- **一定要看財務報表**：即使只投資一週，也要看該公司的財務報表，評估其未來的增長潛力。
- **長期投資**：所謂股票，從最初被創造的時候開始，就是針對公司的長期成長可能性而投入資本。從這點來看，我不建議做投機性短期投資，也就是所謂的炒短線。

資本主義的亮點是股份公司。資本主義有三個主體：家庭、企業和國家。股票是連結金錢和人，以及家庭和企業等的紐帶。努力掌握宏觀經濟的趨勢，以及自己投資的公司擁有的成長性，培養犀利的眼光就可以了。

2 想賺錢？先搞懂資本主義

相信大家都聽過「法人」一詞。因為法人是無形的，如影子般存在。也許學習經濟，就像將看不見的假象轉換為實體的過程。

經濟的啟動原理不如人們想像中複雜，只要了解術語會能懂。經濟理解能力，大致上取決於經濟用語的理解程度。不理解、單純靠死背經濟知識，只會讓腦袋被壓抑到喘不過氣。重要的是，將經濟用語正確理解成日常會說的話。

本節主題是個人、法人、公司、股票、股份等術語。

經濟主體由國家、企業、家庭組成。企業作為經濟主體之一，在資本主義制度中扮演核心角色。其中，法人和股份公司是資本主義的總和。只有理解這兩者，才能正確學習資本主義。

法人和股份公司的誕生與資本主義一脈相承。在兩種制度形成的過程中，資本主義才擁有形狀。法人在股份公司站穩腳步的過程中形成，和股份公司互有關聯。因此，學習法人，將成為理解股份公司、現代資本主義的誕生以及金錢的基石。

法人指的不是個人（自然人），而是被法律賦予權利和能力的「法律上的人」。在這裡，你需要了解自然人和法人的區別。人類依照生物性別區分，可以分為男性、女性。如果說染色體差異造成性別差異，那麼自然人和法人就是法律權利和義務存在差別。兩者在法律的框架內，區分權利和義務。

世上第一個法人從第一家股份公司東印度公司誕生。十六世紀初，葡萄牙壟斷經過印度洋的海上貿易。荷蘭想開闢新的航線，參與海上貿易。由於認為小規模的個人貿易有其極限，所以荷蘭合併多家個人公司，打造新形態——多人投資，由某個主體統合經營，當時成立的正是荷蘭東印度公司。

既然大家都投資金錢，應該要透過協商經營，但每次都這麼做，相當浪費時間。因此，需要一個能獨立經營的象徵性存在。這不是投資人，而是法律上的存在。

自此開始，股份公司不是由個人，而是由法人承擔法律上的義務和權利，成為公司的代表。隨著股份公司成立，法人這個抽象概念有了實體。法人是被賦予代表股份公司的法律權利和義務之人。

公司是以商業行為或其他營利為目的而設立的社團法人；企業是以獲取利潤為目的而經營的資本組織單位。兩者相似卻略有不同，若說公司是具體的，那麼企業就是一種概念——公司集合體。

股份公司是資本主義的亮點。可說因有了股份公司制度，現代的物質文明才得以形成。因此，明確理解股份公司，是理解資本主義的基礎。股份公司擁有五個特點：

- **承擔股份的有限責任**：以股東的有限責任為基礎成立了股份公司。因此，形成一種結構，是個人可以透過自己擁有的資本去投資公司。換句話說，即使自己沒成立公司進行事業活動，也可以利用資本投資參加公司。如此一來，小額投資資本與責任的侷限，成為大規模募資的基礎。股份公司的特點大部分都源於此。

- **可以分離所有權和經營權**：因有所有權和經營權分離的專業經營制度，才會出現龐大的企業，通常會根據商業法進行決策。存在股東大會、董事會、執行長等決策機關，還有監督這些決策的監事。
- **自由股權轉讓**：股票可以自由買賣，任何人都可以輕易投資，股份公司得以籌集大規模資本。像房地產一樣體積龐大的物品無法隨時兌換成現金，所以就算是低風險資產，流動性也會下降。

反之，股票隨時可以用小額為單位兌換成現金。因現金流動性高，能大規模募集資本，而募集來的資本便成為帶動經濟成長的動力。鐵路、石油、汽車、電子、生物等領域企業，如果沒有股票，不可能募集到資本。

- **具備事業的連續性**：例如，即便B公司的會長不幸去世，也可以由身為副會長的兒子繼承成為法人。當然，贈與和繼承必須遵循法律程序。

‧促使股票價值增長，且能分紅利潤：股份公司若有成長，其股票會升值，增加投資者的資產，而投資者每年都能獲得由事業成果帶來的分紅。股票是資產，可以產生資產收益。

只有了解法人和股份公司，才能理解現在發生的經濟現象。

我想問，各位認為股份公司的老闆是誰？是最大股東還是公司法人？

正確答案後者，股東只擁有與自己股份的相當權利。

假設某公司最大股東是董事會長，僅持有不到二%股份，就算加上其他子公司的股份，也不到一八%，但他卻能扮演該公司主人的角色，為什麼？

答案就在於對決策機關的掌控力。他根據章程規定，掌握一切決策機關，尤其是董事、董事會、執行長的決策，使股東大會有名無實，更進一步讓法律為了牽制而設下的監查功能，也變成傀儡（按：公司的實際經營者，由股東大會所選出的董事組成董事會，由董事會聘選出經營團隊，亦有股東或董事任用自己親族經營的家族企業）。

股份有限公司的權力之爭是董事會的戰爭，而董事長遴選之爭尤其激烈，因為一切的權限都是由執行長左右。

團結的少數人掌握組織權力，可以隨意控制多數的小股東。身為最大股東的會長掌握董事會，便能透過董事會任命執行長。由於執行長擁有巨大權力，所以公司自然會被認為是會長所有。今後，有利於大股東的股份公司系統將會繼續。也就是說，身為大股東將左右小股東利益的結構。

當我們投資股票、想成為商人或看到新聞時，必須認知這種資本主義的盲點。至少要知道什麼是法人、股份公司，才能跟上經濟趨勢。我希望大家都能看到資本主義的核心，也就是法人和股份公司。

3 自己的錢、別人的錢、別人投資我的錢

韓國電影《不悔》的開頭旁白：「通常動搖的不是樹枝，也不是風，而是你的心。」同理，讓金錢移動的不是樹枝或風，而是人們的想法。

正因如此，我們必須擁有仔細分辨金錢的能力。如果按照世界的趨勢掌握金錢，就會錯過其本質，所以首先要做的，是觀察自己口袋裡錢的屬性——通常有三種：完全屬於自己、向別人借來、從他人手上獲得投資的錢。

人們通常會用資產、負債、資本、債券、股票、投資、借貸……形容錢的性質，這是教科書中使用的分類法，但因其分法和現實中的錢看起來不一樣，所以容易讓人陷入混亂。重點不在理論，而是以日常用語看透其本質：

1. **完整屬於自己**：人們只把這筆當成自己的錢，理財文盲把這些錢當成可以隨便花的錢，而透過純粹勞動賺到的錢就是這一類。想填滿口袋，光靠省下這類的錢很難辦到。當然，這筆錢必須在口袋裡維持超過一定比例，通常被當成財務報表指標「資本適足率」（按：以銀行自有資本淨額除以其風險性資產總額而得的比率）。所以，自己的錢最重要，至少要保持所有錢三〇％以上。如果低於三〇％，即使口袋裡有錢，也無法想用就用。

2. **向別人借**：也就是債務，必須按時歸還本金和利息。如果借一千萬韓元（約新臺幣二十萬元），就必須在應償還的日期還一千萬韓元，如果無法償還，就會破產。因此，該類型要控制在低於所有錢的三〇％。這些錢就算放進口袋裡，也不會變成自己的。所以，要非常慎重對待借來的錢。

借貸的金額、時間還有對象，比什麼都重要。如果欠下高利率美元債、高利貸，會破壞經濟狀況。只能向可信度高的機關或人借貸，並且不能超過自己所有金錢的三〇％。借出金錢的人成為債權人，而以你的立場來說，這筆錢將成為債務。

3. **被他人投資**：乍看之下，被他人投資的錢和借來的錢差不多，但是兩者性質卻完全不同。雖然都是別人的錢，但借來的錢需要償還本金。反之，被他人投資，沒有償還本金的義務。話雖如此，既然投資者將金錢所有權交給你，並取得股份作為代價，我們就得想辦法提高其價值。因為越提高資產價值，他人投資的錢就會越多，其中最具代表性的就是股票。

接下來，我要以韓國知名經紀公司Big Hit娛樂（按：現為HYBE娛樂），來介紹用股票獲得投資的金錢特點。

《每日經濟》在二〇二〇年十月二十二日，曾報導一則新聞：「……股票上市後立即賣出，Big Hit的第四大股東獲得現金三千六百四十四億韓元。」第四大股東買進時，Big Hit股票面額為五百韓元，他持有一百二十萬股，初期投資金額為六億韓元。

隨著股票上市，股票價值上漲五百倍，從五百韓元變成二十五萬韓元（約新臺幣五千元）。因此，該股東在股票上市後，將持股全數賣出，獲得三千六百四十四億韓元（約新臺幣七十二・八八億元）。

雖然被投資者不需要還錢給投資人，但為了得到投資，應提供相應的價值。為達成這個目的，就得成為一名值得被投資的人，讓對方可以對你提供金錢、時間和人生。

例如：美國科技公司微軟（Microsoft）的比爾・蓋茲（Bill Gates）、中國網路公司阿里巴巴的馬雲、美國社群媒體網站臉書（Facebook，由 Meta 公司經營）的馬克・祖克柏（Mark Elliot Zuckerberg），因為投資者信賴他們的能力，所以才獲得投資以擴大事業。

想成為資產破百億元的富豪，如果沒有他人幫助，在現實中終究難以實現。若想讓人願意為你投入金錢、時間和人生，首先最重要的就是打好經濟知識的基礎。

4 絕對不會被開除的職場

某天搭地鐵時，我收到一封簡訊：「求職補貼〇〇〇韓元已匯入銀行（次回失業認定日：二〇二〇年十一月三十日）。」

這是我第一次領到失業救濟金。事實上，收到簡訊的前一天，我去雇用福利中心上課，並拿到就業希望手冊，裡面印著「雇用保險實習資格證」，還印有雇用勞動廳支廳長公章。

我收到那本手冊時，沒什麼特別的感覺，卻因收到失業補助入帳簡訊，陷入莫名的情感中，感覺就像被毒打二十五年後，突然收到補償費。另一方面，我又因這筆錢可以支付生活開銷而安心，感受非常複雜。

我把這筆失業補貼當作新工作準備期間的生活費。以前還在上班時，公司給了我一張公司名義的信用卡，當時見面的人主要都是因為工作需要而碰面，因此現金需求並不大。但現在開始，我必須花自己的錢與他人見面，所以我認為身上至少要有一些自己的錢。

退休後發生的另一個變化是國民年金。昨天和負責窗口通電話，我問了三個問題：退休後還要繼續繳納國民年金嗎？如果需要，要繳到什麼時候？繳納後，可以領到的年金有多少？

對方表示：「退休後可以繼續繳到滿六十歲。不過，因為沒有收入，所以須繳金額會減少。」另外，如果一直繳到六十歲，從六十四歲起，每月可以領約一百五十萬韓元（約新臺幣三萬兩千元），於是我決定繼續繳。然而，從六十四歲開始每月可以領取的那筆錢，我不確定是否能支撐晚年生活。因為如果按照現在的貨幣貶值速度，屆時那筆錢將貶至一百萬韓元以下。

最後一項社會保障制度是職場醫療保險。根據諮詢結果，我將會自動被掛在妻子的工作單位一起投保。

韓國的社會保障制度雖然不及北歐國家，不過還算完善。尤其醫療保險制度擁有世界級水準。然而，社會保障制度還無法全面保障老年生活。可以保障我養老生活的，最終只有自己的財產和資質。

在我父親的年代，如果工作二十五年，退休後的養老生活還算有保障。當時擁有比現在更好的社會保障制度優惠，可以在工作同時買下一間公寓。那間公寓讓他能每月領取住宅年金，過上無須擔憂的晚年生活。然而，到了我這一代，已經無法單憑國民年金和一套房子保障晚年生活。

某天新聞報導房地產公告地價現實化政策。目前，房地產公告地價現實化率（譯註：建築或土地的公告價格與實際交易價一致的程度）為土地六五．五％、獨棟住宅五三．六％、公寓等共同住宅六九％。據說，到了二〇三〇年，所有類型的房地產公告地價率，將按照市價提高到交易價的九〇％以上。

公寓的公告價格為六九％。如果將其提高到九〇％，即使財產稅和綜合房地產稅的稅率不變，稅金也會上漲。因為財產稅和綜合房地產稅等持有稅的課稅標準，是以公告地價和作為緩衝的公平市場價值比例等為基礎。

這次爭議讓我領悟到的是，由於稅金帶來的負擔，透過房地產養老策略將變得難以實施。今後，人民很難規畫藉由房地產得到保障老年的人生第二春。

比起我這一代，現今社會的養老對策準備又更加困難。因為租稅負擔率變高，且老年人就業職缺不足的現象更嚴重，所以得從現在開始做好生活的基本設計，如果只是盲目相信國家，稍有不慎，未來的老年生活會過得十分辛苦。我相信往後的稅金只會增加，不會減少。

經濟繁榮時，只需要向有錢人徵稅即可。然而經濟不景氣時，僅靠富人和企業繳納的稅金還遠遠不夠。政府便把徵稅目標轉向人民，人民的生活因此更加艱難。

稅金和銀行絕對無法成為人民朋友，他們會試圖挖人民口袋裡的錢。如果相信他們是朋友，就會陷入困境。不論是誰，都必須為自己奠定好自立基礎。

核心大致上有兩個，一是確保不被稅金動搖的低風險資產，就要在首都內擁有建築物，不動搖且根深柢固的資產只有建築物和土地。其次是確保不用擔心退休生活，可以工作一輩子的安全職場，就是成為擁有營業場所的企業主，絕對不會被炒魷魚，自己就是老闆。

我的晚年沒有那麼令人擔憂，因為我擁有三幢重建公寓。雖然會受稅金影響，但生活上沒有障礙。在人生第一春，我以公司員工身分退休，而在第二春，我正準備透過寫作與他人分享經驗與知識。雖然不能賺大錢，但我相信自己寫的文章可以豐富生活。

5 影響房價的三個關鍵

接下來，我會分享關於房地產理財的想法，主題是「經濟的完生」，而大多數人屬於「未生」。

未生是圍棋術語，在棋盤上，如果最少不能確保兩眼以上（按：這裡的眼，是指某方棋子在棋盤上圍成的一個或多個相連空白交叉點），就被稱為未生。因為只要有一眼，卻在那裡放棋子，棋子隨時死去。換句話說，未生就是指還沒活下來。若形成兩眼以上，就可以自力更生，所以又稱完生。

圍棋棋手為了可以完生，至少要下兩眼以上的棋子，一步步竭盡全力，兩眼在圍棋中是非常重要的自生必備條件。

事實上，在現今生活，人生版圖也與棋盤上的勝負沒有差別。個人生活也需要有自己的房子，才能實現經濟上的完生。或許，現在韓國的經濟結構是一盤更加殺氣騰騰的棋，而在這個戰場上，我們得下棋速度快，才能生存下來。

為什麼房子是韓國經濟完生的條件？我們必須從土地和人的角度來分析相互關係。房價與國土面積、人口有很大關係。從結論來看，韓國因為人口眾多、國土面積狹小，導致房價持續上漲。只有了解這樣的背景，才能理解韓國居住政策的過去、現在和未來發展。

房地產是人類投資的資產中最安全的資產。只有那些知道房地產資產如何流動的人，經濟才能實現自立。我們來看影響房價因素中的三個關鍵：

1. 人口密度

指一定的土地面積內居住著多少人，更詳細的說，就是一平方公里內居住著多少人。根據統計廳（按：相當於臺灣行政院主計總處，每個國家的統計機構名皆不同，韓國為統計廳，機構每年會進行人口和家庭普查）指標，以二〇一九年為基準，世界主要國家的人口密度分別為美國三十六人、法國一百一十九人、中國一百五十三人、德國兩百四十人、英國兩百七十九人、日本三百四十八人，以上為主要發達國家的人口密度（按：據二〇二三年資料，**臺灣為六百四十七．〇二人**）。

韓國是五百一十五人，在可被稱為發達國家的OECD國家中，人口密度排名第一。由此可看出，人民對土地和住宅的需求大，價格上漲則理所當然。

2. 都市化程度

指社會設施集中在一定的空間，且人口朝這裡集中、增加，可說是城市擴散的過程。

據統計廳資料，韓國都市化水準已達到八二％。換句話說，每一百個人中，就有八十二個人生活在城市。由於地狹人稠，城市的生活空間被擠到水洩不通，這是城市一定會出現居住困難的原因。尤其，韓國有一半的人口都集中在首都圈。因此，這裡的房價必然上漲。

3. 家庭分化

過去最常見的家庭形態是四人家庭，但到了現在，越來越多一到兩人的小家庭和核心家庭，登記在住民登錄謄本（按：相當於臺灣戶籍謄本）上的一人家庭組成比例超過三〇%。然而，這只是一個表面的數字。若更深入探討，會發現比例更高。

例如，在住民登錄上，雖然都登記同一個地址，不過實際上，很多家庭都分開生活。像是父親為了工作、兒子因讀大學而住在不同地方，只有母親住在老家，這是生活分離型的家庭形態。就像這樣，雖然不包括在住民登記的統計指標中，實際上卻是一人或兩人家庭的情況相當常見。

即使是一家人，由於生活影響，雖然出生率下降導致人口減少，但不代表對住宅的需求會因此下降。反而隨著家庭分化加速，住宅需求持續增加。

接下來是結論。韓國的人口密度高居世界前十、都市化程度為八二%，再加上家庭分化速度也很高。在這樣的社會結構下，政府有什麼通天的本領，能降低房價？不論是何種市場，當需求較高時，如果缺乏供應，就算設下任何限制都無法降低價格。除了增加供給之外，別無他法。這是資本主義市場絕對不會改變的原理。

我敢斷言房價不會下降，尤其首都圈更是如此。為了在老年實現經濟自立，我們必須在首都圈內擁有一間房子，只有這樣才能實現經濟的完生。僅靠勞動所得和小本生意的收入，再也無法保住家人了，必須投資資產價值持續上升的房地產。為了投資低風險資產，需要洞察經濟趨勢，想要讓人生經濟完生，你應該學習經濟。

6 歷史上最安全的資產：黃金

現在我要來聊聊歷史上最安全的資產：黃金。

比起珍珠、鑽石、藍寶石、紅寶石等常用來當成聘禮或嫁妝的寶石，妻子更喜歡黃金。甚至，在結婚前準備聘禮時，妻子對母親說：「請用黃金當聘禮。我不要鑽石戒指或珍珠項鍊，只想要黃金戒指、黃金項鍊和黃金手鐲。」

當時妻子才二十四歲，我原以為那個年紀的女性都喜歡寶石、珍珠等，只是當時我家經濟拮据，沒有條件給她昂貴的聘禮，她因知道我家狀況，才說自己更喜歡黃金。沒想到，我婚後詢問妻子，她是真的喜歡黃金，理由有三：價值絕對不變、價格會持續上漲、隨時可以變現，是經濟性極佳的貴金屬。從那時起，我就覺得她的經濟、金錢觀念明確且務實。

不同於妻子很務實、重視經濟，我經濟觀念差。結婚前工作三年，沉迷於酒，搞得自己身無分文。於是我在婚後，把薪資帳戶存摺交給妻子，一概不干涉經濟。直到現在，妻子依然是我們家的經濟支配者。

回到黃金話題，這種金屬有不會變質、價值會上升，且容易變現等優點。所以，我們必須詳細了解黃金。其元素編號為七十九號，元素符號「Au」。深入剖析後發現，黃金可以被當作飾品，除此之外，生活中的用處很少。

改變人類生活的貴重金屬反而是鐵，現在我們享受的所有文明根基都存在鐵，工具大部分用鐵做的，包括農具、武器；有鐵才能創造，像是鐵路、火車、汽車、大型船舶等；或因鐵而存在，如公寓，水泥牆沒有鐵的結構就不可能做到。然而，鐵幾乎沒受到人們的禮遇，反而黃金被世人重視。有經濟觀念的人馬上就知道背後原因。

在這之前，我們首先要了解三個黃金屬性：

・**不會變質**：當然有很多不會變質的金屬，但像黃金一樣，可以被切碎，打造成各種飾品的不多。類似的金屬中，大概只有銀、銅。

・**價格持續上漲**：原因有兩個。首先，黃金需求量總是超過產量。由於產量有限，需求量卻不斷上升，所以金價持續上漲。再加上美元貨幣量膨脹，導致貨幣貶值，使黃金價格相對上漲。

然而，為了防止美元貶值，美國只能觀望黃金價格行情來調整。由於美國黃金儲備量世界第一，擁有調節黃金行情的力量，所以偶爾釋出其持有的黃金，來調節黃金行情暴漲。然而，即使美國以黃金儲備量誘導金價下跌，也跟不上美元的通貨膨脹速度，最終金價只能繼續上漲。

・**隨時可變現**：如果貨幣量增加，其價值就會下降，收藏黃金的需求則增加。不論過去、現在還是未來，黃金始終具備貨幣功能和價值。也就是說，未來對黃金的需求越大，金價就越高，資產價值自動增加。

黃金是為數不多的避險資產。只有正確認識其價值，才能稱得上學過經濟。此外，還要熟悉利用黃金的理財方法。

7 黃金與錢的角色

前文提到黃金屬性，現在要談論其本質與所扮演的角色。

我先用朋友關係來比喻，若想了解某人，就先觀察他的朋友，人的為人會和朋友相似，所以從兩人的互動模式中，可看出他的真面目。同理，我們只要檢視和黃金相近的存在，就能了解黃金。

黃金最要好的朋友，不是同為金屬的銀或者銅，而是錢。當黃金單獨存在時，它只是一種易於處理、用途有限，只能被當成裝飾品的礦物。某天黃金遇到了錢，兩人見面就建立起合為一體的友情。

世人認為錢就是黃金，所以把黃金和錢合而為一，製成金幣。兩者的結合，為經濟史創造出新篇章，就是金幣時代。

金幣時代是太平盛世，讓交易變得更順利，漸漸越來越多人開始使用金幣。只是，當人們遠行時，開始發現黃金的缺點：價格太高且重量太重。人們要求改變金幣，此時，掌握世界霸權的美國出現了。

一九四四年七月，美國讓世界人民聚集在布列敦森林，並表示由於金幣使用不便，所以提議將一盎司黃金固定在三十五美元，且僅使用由黃金作為擔保、可兌換的美元紙幣。因為美國是世界上力量最大、擁有最多黃金的國家，所以其他人無法拒絕該提議。

藉由這項協議，不便攜帶的黃金將被存放在美國銀行窗口，並將黃金保證書——紙幣當成錢使用。這就是後世說的布列敦森林制度。

自此之後，黃金一直留在美國，而名為紙幣的黃金保證書在世界自由流動。美國的布列敦森林制度可說是一箭雙鵰。因為只要掌握黃金，美元就會變成錢，而其他國家為了購買美元，就必須交黃金給美國。如此一來，美國可以默默抓住黃金，打造以美元為中心的世界。

美國就這樣搜刮全世界的黃金，並將美元紙幣散布出去，作為世界的錢。布列敦森林制度通過後，紙幣代替黃金，這時被稱為黃金與紙幣時代。

雖然以美元為中心，但黃金和紙幣發展得很好。經營一段時間後，發行相當於黃金保管量的黃金保證書，已無法滿足美國。他們擁有發行紙幣的機器，但開始只想在自己需要時，發行紙幣讓自己方便。

美國軍事力量強大，目前黃金儲備量也最大，而且還擁有貨幣發行權，沒有理由非得發行等同黃金儲備量的紙幣。因此，美國宣布會保證作為證明的紙幣價值等同於黃金的價值，所以將發行與黃金儲存量無關的紙幣。這就是一九七一年八月十五日，美國銀行的傀儡尼克森，向世界發表廢除布列敦森林制度——尼克森衝擊。這個黃金和錢決裂的時期，被稱為信用紙幣時代。

我們藉由和黃金最要好的朋友——錢，認識了黃金本身。黃金和錢一開始融為一體，生活在金幣時代。接著，作為保證書的紙幣，扮演黃金和錢的媒介角色，進入黃金與紙幣時代。然而，現在的黃金和錢正生活在沒有任何關係的信用紙幣時代。

在信用紙幣時代，與錢相關性下降的黃金扮演什麼角色？

錢最初的開端是黃金，不過現在已經與黃金無關，用本質環繞世界。黃金已經不是錢了，我們卻還被困在金本位制（按：一種貴金屬貨幣制度，指每單位的貨幣價值等同於若干含重量的黃金）的幻影中，把黃金當成錢。

現在我們應認知到錢和黃金是分開的。作為與金錢分離的資產，我們要挖掘黃金的價值。

黃金是一種資產，如果說土地是無法移動的低風險資產，黃金就是可移動的低風險資產，因此我們必須投資黃金。從現在開始，哪怕手上只有少量資金也要購買黃金，還要觀察金錢和黃金的趨勢。

據說，世上有各式各樣的黃金。我知道其中五種：黃金、現金、鹽巴（味覺之金）、現在（時間之金），最後是想法與信念（心靈之金）。

肉眼可見的黃金、現金、鹽巴雖然很好，但是無形的「現在、想法與信念」更好，而且金錢買不到。即便是家財萬貫的富翁，要是少了這兩項，就會變得不幸。既要觀察物質基礎，也要珍惜看不見的事物。

明天會發生什麼事，取決於今天做了什麼。如果今天學習經濟，就可以應付明天發生的任何經濟問題。

8 金融商品是雙面刃

想在資本主義時代存活下來，學習金融產品是必修課。金融專家雖然讓金融商品看起來很複雜，但如果仔細觀察，就會發現本質意外簡單。

我們先探討金融商品一詞，據辭典定義，是包括各種金融機構辦理的活期、定期存款等的其他定型商品。這意味著金融，亦即錢變成可買賣的商品。金融機構如何把錢變成商品？其實這一切都是可塑造的。與折扣商店打造商品的方法一樣，只是其販售看得見的商品，而金融則是看不見的服務。

接下來，我想介紹折扣商店的商品和金融商品的共同點。以折扣商店賣的五花肉為例，豬肉原材料被切成適合顧客食用的五花肉，並貼上價格標籤販售。五花肉的相關資訊，如銷售企業、製造廠商、原產地、部位名稱與價格，都可以從標籤上找到。而基金這種金融商品也一樣，可透過名稱得知這是怎樣的金融商品。

假設，某基金商品寫著「A資產美國醫療保健股票型基金（子基金）」，表示這是由名為A資產的基金經營公司所設計，在美國投資醫療保健項目，且屬於證券類。

母或子，代表該基金屬於母基金或子基金。前者是將經營公司分散的基金統合經營；後者則為獲得母基金發行之股份的基金。

所謂信託投資股票，是匯集資金投資股票的標誌。像這樣只要知道基金名稱的意義，就能知道該基金是怎樣金融商品。

雖然金融機構種類或創造出來的商品，形態各不同，但理解方式一樣。

金融商品有整存整付、零存整付、股票、債券、基金、保險、年金等。這些金融商品數量分別是整存整付數千種、股票數千種、基金數千種等，非常多元。就像我們在商店裡，看到各式商品會覺得眼花撩亂，金融產品也因種類繁多而讓人困惑。再加上混合型商品變多，更讓人不知所措。

如同折扣商店的商品，可從工具或食品區域分類看出性質，如果依照種類觀察金融商品，便能知道其性質。

我會用上述觀點，來說明韓國「LIME及Optimus疑慮」事件的整體概要。

這起事件的基本架構，類似社區中的有錢人募集互助金，並以此投資利息高的商鋪開發權。假設互助會的會頭是經營基金的公司；募資負責人是證券公司；繳交互助金的人是投資者，而基金投資是在進行社區商店街開發權。就像互助會的會頭一樣，經營基金的公司創造基金，並以有錢人為對象，私下募集巨款。人們將此稱為私募基金。

LIME資產管理公司只向有錢人私下募集資金。很多人參與這項私募基金，最後籌得超過一兆韓元。然而，這筆錢並不如一開始向投資者說明，要拿來開發前景良好的商店街，而是投資與該公司有關的不良商店街，最後連本金都賠光了。表面上是這麼說，實際上卻無從得知是真的損失本金，還是把這筆巨款當成自己的錢，轉移到其他地方。

此次問題的私募基金種類是回收型私募基金——沒有截止期限，隨時都可以透過回收兌換現金。因此，當投資不當而導致資金流失，無法提供資金時，基金經營公司採取禁止回收的措施。簡而言之，就是投資者的資金化為泡影，無法兌換成現金。

事實上，基金商品不是存款，而是投資，所以本金也會損失。因此，法律得嚴格檢視基金商品的創造過程。問題是該事件的金融商品創造過程相當鬆散，且扮演監視角色的法律及制度裝置沒有正常啟動，才導致事件發生。

順帶一提，基金是最具毒性的金融產品。因此，基金在創造商品時，要徹底觀察商品的流通與後續投資過程，是否有問題。

結論就是，世上有很多騙子，容易相信並跟隨他人的人，要特別小心。韓國經典犯罪電影《漢城大劫案》中，主角留下最後的一句話：「貪婪、不諳世事或太了解世界的人，我們會遇到所有人。」

在這險惡的世界裡，守護自己的盾牌就是經濟知識。

9 鍛鍊會賺錢的工作肌肉

我的職場生活，是一場為了生計的戰爭。在退休時，不禁百感交集。重新站在人生岔路上，我思考在兒子現在這個年齡——二十歲會經歷的苦惱：該做什麼維生？還是因前方一片霧茫，而陷入迷惘？

我現在說的，不是對職場生活說三道四，而是想強調，無論職場生活還是人生，都有盡頭。不過，結束不代表終點，也象徵開始。透過寫作，我想將自己人生第一幕畫下句點，然後開啟第二幕。我想從第一幕的經歷中，選出精華的部分分享給各位。

在人生第一幕，我是流通業，用一句話概括就是「做生意」。在朝鮮王朝五百年來，流通業是士農工商中，待遇最卑賤的商人。而我又是其中更被歧視的「屠夫」（近被稱為精肉師）。在我職場生涯中，有十二年是販賣肉品。

為了幫助各位了解不同領域工作的特點，我想用足球和棒球來說明。不同運動，會用到不同的肌肉。所以，若讓棒球選手踢足球，他們會感到身體不適。這是真實發生過的故事。

某知名大學的棒球隊首次進入決賽，所以選手都很緊張。或許是為了緩解情緒，教練讓大家比一場足球賽。由於棒球有打球時會用到的肌肉，而足球也有踢球時使用的肌肉。沒想到，為了消解緊張而進行的比賽，卻導致選手身體不適、狀態不佳。在翌日決賽中，該棒球隊不幸慘敗。

就如同體育一樣，做不同生意時，在各自的領域裡，都有自己的獨特方式。我也切身感受到了這一點。

有一位精肉師前輩經常引用諺語：「松毛蟲只吃松葉。要是吃了樹葉就會死。」販賣肉品的人應該做賣肉的生意就好，要是跑去開餐廳就完蛋了。他經常在聚會上這麼說，藉此挽留那些認為肉品生意不好做，而想要開餐廳的人。

我歸納前輩的話，整理出「生意經」。雖然不是全部，但包括了做生意的祕訣。為什麼做肉品生意的人如果開了烤肉餐廳就會倒閉？我認為理由有三個：

1. 不是販賣肉品，而是服務

肉鋪只賣肉，但餐廳提供很多種服務，別以為只要像肉鋪一樣，提供物美價廉的肉品就可以了。

精肉師腦中充滿「客人會知道便宜的好肉，且不惜花時間排隊購買」的想法，卻沒意識到顧客對肉鋪和餐廳的期待值並不同。肉鋪生意思維方式是「會買的人就會買」，缺少餐廳需要的積極服務意識。

營業是不同的領域，餐廳無法只靠肉質確保獲利。也就是說，除了肉質，還有很多其他重要因素。例如，烹飪手藝、配料品質、外場運作模式、親切的態度等。只有具備所有要素，餐廳才能成為美食名店。

德國植物學家尤斯圖斯．馮．李比希（Justus von Liebig）曾經提出「最低量定律」——植物增長不是由可用資源總量來決定，而是由最缺乏的資源（限制因素）決定。

餐廳也一樣，無論肉多好，如果服務生不親切、衛生條件不佳，顧客就不會想消費。精肉師以為自己很了解肉，只要用品質好的肉來開餐廳就會成功，但不知道餐廳是極致的服務生意，所以他們開的餐廳幾乎都倒閉了。

無論從事什麼工作，都要鍛鍊那個領域專用的肌肉。而且，為了讓肌肉像石頭一樣堅硬，要堅持不懈的鍛鍊。

2. 如果販賣肉品是製造業，那麼餐廳就是苦力

餐廳裡到處都是「雜事」。這些雜事的水準和肉品生意不同。從凌晨出門採購食材，到料理、打掃外場、洗碗，再到晚上結算當日營業結果，並提前為隔天的生意做好準備，雜事分量相當嚇人。

尤其是販賣肉類餐點的餐廳，其準備和做生意過程可說相當殘酷。烤肉餐廳不是抱著製造業心態，就能支撐下去的生意。即使餐廳生意興隆，精肉師們也缺乏支撐身心的力量。因為兩者就像是使用不同肌肉的體育項目。

餐廳的成功法則隱藏在「髒亂且麻煩」的雜事中。餐飲集團The Born Korea執行長白種元，在創業初期都親自洗碗。據說，他藉此了解客人都不吃什麼料理，並以此為基礎，每天改善菜單。白種元在餐廳最基層的工作——洗碗找到了餐廳成功的祕訣。

希望讀者能像這樣，成為一個可以從基礎發現其本質的人。凡事大部分都必須從髒亂且麻煩的部分開始。餐廳從洗碗開始；髮型師從洗頭開始，而上班族則從學會如何影印開始。當人們在這些瑣事中看出事情本質時，就會成功。

3. 肉鋪以優質的肉品為目標，餐廳以顧客為導向

以行銷用語來說，肉鋪的營業方式是以商品為中心，而餐廳則是以顧客為中心。肉鋪用韓牛里肌肉、豬五花肉、生雞肉等，顧客想要的優質肉品做生意；餐廳則是現場認知到顧客的需求，並立即做出應對服務。肉鋪只需注意肉類（商品），無法掌握顧客的隱性需求；餐廳則要掌握顧客需求，以開發出熱銷商品。

用產品來說，在精肉師的思維裡，冷凍五花肉永遠都是冷凍五花肉，牛胸肉只是牛胸肉。而像白種元這些餐廳經營者，讀懂了顧客們隱藏的心意，將其打造成新產品，如薄切五花肉和牛五花肉等料理。

白種元以餐廳生意的思維方式，徹底面向顧客，才能建立了名為 The Born Korea 的龐大企業。

做生意最重要的就是客人，目的是為了得到客人的心。也許，所有事業只有深入到顧客內心才會成功。我認為所謂做生意，就是把別人口袋裡的錢轉移到自己的口袋裡。只有這樣定義，才能讓生意人看向客人的心。

- 根據工作領域的特點，鍛鍊你的工作肌肉。
- 在事情基礎喚醒事情的本質。
- 凡事最重要的是贏得客人的芳心。

希望這三項做生意的法則，可以成為各位學習經濟的基礎。

10 書生、職人和商人

有人說，韓國人心中住著書生；日本人心中存在職人，而中國人心中，則裝著生意。無敵的生意法是指用韓國人的心，像日本人一樣製作物品，再像中國人一樣做生意。

現在我要談讓錢自然來到身邊的生意經。不同國家的思考方式各異，對生意的心態也不同。到了近現代，對待商業的態度會左右國家的經濟發展。

當時，採取重商主義（按：確保國家能生產盡可能多數量與種類，以限制本國對外國供應商的依賴）或重農主義（按：認為國家財富的根本來源，是土地生產及發展，偏重以農業勞動為主的自然秩序概念）政策，取決於該國的產業發展。換句話說，國家面對商業的經濟政策，對產業發展產生了極大影響。此時，實行重商主義政策的國家可以實現經濟發展。根據做生意的心態，就知道那個國家的經濟發展，即使來到二十一世紀也沒有改變基調。

在朝鮮王朝推行重農主義政策時，資本主義在西方萌芽。在那個緊要關頭，朝鮮王朝舉國上下都輕視、排擠做生意的商人。當時為什麼看不起經商？只有了解這一點，才能知道朝鮮王朝未能實施重商主義政策的原因。

從現在開始，我想藉由食物來比喻，根據韓國人、日本人和中國人的特色，觀察他們各自如何進行餐飲生意，並舉例說明做生意的方法。

這三個國家的人有不同的思考方式。據說，韓國人心中住著儒生；日本人心中住著武士，而中國人心中住了做絲綢生意的王秀才。換句話說，韓國人是學者風格；日本人是技術人員的風格，而中國人則是商人風格。像這樣比較下來，就像看漫畫一樣，可以清楚看到三個國家人民的特徵。

人的意識沒有實體，是無法客觀證明的精神領域。所以，我想透過有實際形體的飲食來衡量人的意識。每個國家的食物口味都不同。藉由韓式、日式和中式的烹飪方法及口味差異，不但可以了解三個國家的民族特徵，還可以觀察對三個國家的人來說，什麼是生意、如何透過生意賺到錢。

首先看韓式料理。韓國人的基底是儒生思想——學習心靈的人。對於儒生來說，食物就是用心去做的「手藝」，也就是用手涼拌、攪拌、搓揉、混合來製作料理。

此外，對韓國人來說，最重要的是把食物放在心裡，亦即誠意。最能夠反映這種誠意的地方是家庭，而不是餐廳。韓國人有一種忌諱，是連結食物和金錢，甚至表現得很愛錢。因此餐飲生意不發達。但在IMF之後，隨著生計變得困難，餐廳如雨後春筍般出現。在沒有基礎的情況下突然投入餐飲生意，大部分的人做不到三年就倒閉。生意不是用體力彌補就可以成功的領域。

接下來提日式料理。日本人的基底是武士精神。武士用刀殺人，而日料誕生於刀尖上，由會用刀的工匠創造出來。可以說是「刀做出的味道」或「刀的滋味」。例如，魚被鋒利的刀尖切開，變成壽司。

日本人具備職人精神，重視技術。日式餐廳是由料理人製作食物，並以其技術接受評價的地方。因此，在日本餐廳裡，很多是職人代代相傳經營生意，其技術已經累積到了幾乎不可侵犯的境界。

最後是中式料理。中國人的基底是商人意識，流著「絲綢商人王秀才」的血。中式料理最重要的不是手或刀，而是火。只有展現出真正的「炭火味」，才能做出美味餐點。

大都中式料理在鍋中加入油，再用大火約攝氏三百度的高溫翻炒。其烹調方式是將經炒過、炸過、蒸過的食材，再次爆炒或油炸，竄出的火接觸食物，這樣才會有炭火味。一般人的家中無法設置火力可達攝氏三百度以上的爐具，只有專門餐廳才有辦法設置。

大部分中國人比起獨自在家吃飯，更喜歡和三五好友一起，選擇在具備足夠火力，能呈現炭火味的餐廳用餐。由此可見，中式料理天生就是適合拿來開餐廳的料理。對中國人來說，吃也是生意。

世界各地有很多中式和日式餐廳，都和料理的歷史有關。韓國第一家現代化餐廳就是賣中式料理。韓國最早的庶民餐廳餐點是湯飯，不過最普及的餐廳餐點則是炸醬麵。

大部分東南亞華僑都是從餐飲生意起家，在該領域不斷成長，甚至拓展到其他領域，並成為富翁。現在，東南亞的財富中約七成被華僑占據。據說，泰國華僑的人口只占一成，但是九成製造業、八成商業、七成鋼鐵業和運輸業、六成紡織業，都由華僑資本支配。我們多少用負面眼光看待中國人，但他們身上可怕的經商氣質，讓人印象深刻。

如果比較中國人和韓國人做生意方式，很容易看出差異。中國人從底層做起，但許多韓國人卻是利用假象來做餐飲生意。

韓國退休族群以生計型創業方式進入了經商領域。拿著退休金，沒搞清楚經商就開始經營餐廳，結果當然會失敗。假設有一百個人開始經營餐廳，最後只會倖存一、兩個人，其餘的人則賠光退休金。

若我們迫切追趕錢，它只會跑得更遠。韓國人只有具有日本的職人技術和中國的生意手腕，才能讓資金自動流進口袋。

最後，我想聊聊中國商人掌握財富的方法。華僑生意的核心，一言以蔽之就是「不追求華麗外表，一切回歸本質」。

想接近本質有三種方法。首先，**比起最頂尖的技術，更應該親身體驗基礎技術**；第二，比起幹練的話術，應提出讓對方無法拒絕的提議；第三，雖然這個方法或許有些人覺得老套，但我認為這點依然重要：做一件事時，得反覆經歷不會造成致命傷的輕微失敗，如此一來，就能在某個瞬間用強大的力量進行量子跳躍（按：原指現代物理學中的現象，後引申為成長和發展，象徵思維和能量劇變）。

一直以來只有成功經驗的人，遇到一次小小失敗就會造成致命傷，但經歷多次輕微失敗的人，通常不會受到嚴重傷害。因為透過失敗，免疫力會隨之增強。中國人藉由多次小失敗培養出抵抗力。反之，韓國退休創業者因缺乏失敗經驗，所以一旦面臨失敗便徹底崩潰。

只要記住「不追求華麗外表，一切都回歸本質」，不管開什麼餐廳，至少不會倒閉。

我們應認真學習，向日本人學習鍛造刀尖的職人精神，學中國人從基層做起。如果加上韓國人的真誠和儒生精神，不管做什麼生意都會成功。

金錢不是拚命追，就能追到手，你必須讓它主動跟著你。所有事業的根基都是生意，所以你得練好生意基本功，扎穩自己的根基。

11 澳洲首富的家訓：沾淚的麵包與香檳

真正的高手有這類的經驗——曾癱坐在冰冷的地板上流淚，吃著被淚浸溼的麵包，當他們終於戰勝一切苦難，站上巔峰的那一刻，激動流下的淚滴進香檳裡，然後跟著香檳被喝下肚。

我的澳洲朋友彼得，曾說：「偉大，存在於被淚浸溼的麵包和滴入淚的香檳。」彼得是澳洲已傳承至六代的大型牧場首富家族長子。不過，依照家族傳統，他成年後需要獨立創業。於是彼得在二十歲出頭，開始獨自做出口澳洲牛肉的生意。

在二〇〇〇年代初期，美國牛肉因為狂牛病而全面停止出口。作為替代品，韓國對澳洲產牛肉的需求激增。他為了出口澳洲牛肉，找到了在流通企業工作的我。

第一次見面那天，我本來只打算簡單吃頓晚飯，同時結束這場商務洽談。後來，我們開始喝起燒啤，最後喝了三十多杯。準確來說，是我們只數到三十杯，之後就沒繼續算了。我們就這樣成為「酒」脈相承的兄弟。

西方人通常不會輕易提到自己家裡的事，但那天彼得藉著醉意，說出了他們的家訓——「被淚浸溼的麵包和滴入淚的香檳」。

他說，他的祖先在一八〇〇年代從英國移民到澳洲。因為移民生活初期太過艱難、辛苦，所以總是一邊流淚，一邊吃麵包。但後來克服苦難後，他們在澳洲發展成屈指可數的大型農場。

聽說，在艱難取得成功後，用滴入淚水的香檳慶祝，從此成為該家族的傳統。他還告訴我，在上一輩把家業傳給子女的日子，會一邊喝香檳慶祝，一邊講述「麵包和香檳」的故事。

如果父親喊「Bread soaked tears」，子女會接著說「Champagne in tears」。這

就是克服苦難並登上巔峰的家族，代代相傳的傳統繼承儀式。

要想成為家業繼承人，第一份事業必須獨立，一個人從荒蕪之地開始。彼得在大學畢業後，立即為了出口澳洲牛肉的事業來到韓國。他運氣很好，因為他的產品是來自有「澳洲濟州島」之稱的塔斯馬尼亞（按：澳洲唯一的海島州，保留完整自然生態與文化遺產）牛肉。隨著美國牛肉的銷售中斷，其產品以乾淨牛肉的形象在日本和韓國熱銷。由於他短時間成功創業，獲得家族的認可、擁有繼承家族事業的資格，所以他高喊「Champagne in tears」！

後來，彼得把牛肉出口的生意交給別人，自己繼承家業，在那之後，我們就沒有再見面了。

真正的有錢人，就像彼得的家族一樣，懂得品嚐沾了淚的麵包和含有淚水的香檳。而能長期站在巔峰的人，來自可以長久記住這兩種極端味道的家族。不論是體育或事業上，或許每個人的人生本身也是這樣，只有記住這兩種味道的人，才是真正的高手。

我想要藉電影演員宋康昊為例，詳細描述前文提到麵包和香檳的含義。

宋康昊長期身處巔峰，很多人只記得他走上紅地毯、喝著香檳慶祝的樣子。事實上，他也經歷過沒沒無聞的時期。宋康昊在一九九一年加入名為「煙雨舞臺」的劇團，開始演戲人生。當時，他主要在舞臺劇舞臺上演出，在電影中則是臨時演員，扮演小角色。

就這樣過了六年，他在一九九七年李滄東導演的電影《生死邊緣》裡，飾演一名三流流氓，這是相當重要的配角。由於宋康昊演技出眾，當時甚至有人懷疑，劇組是不是邀請了真正的流氓來參加演出。多虧如此，他在《No. 3》中憑藉精湛演技躋身明星行列。之後，更成為韓國國民影帝。

他是如何成為韓國頂級電影演員？接下來，我用三個發生在他演員生涯中的故事來說明。宋康昊嚐過被沾上淚水的麵包，也喝過滴入淚水的香檳。再加上在舞臺劇舞臺上磨練出的真正演技，讓他可以用頂級演員的身分長久走下去。我認為，今後的很長一段時間裡，他依舊可以站在巔峰。

長期堅守地位的成功演員中，舞臺劇演員出身的人特別多，為什麼？我認為其原因除了演技出眾，還包括在私生活徹底管理自我。那麼，舞臺劇有什麼力量，讓他們可以化身演技職人和模範生活家？我認為有四個理由。

首先是現場感。拍攝電影和電視劇時，演員們會在鏡頭前表演。他們面前沒有可以一起互動的觀眾，只有攝影機。相較之下，觀眾若要欣賞舞臺劇，就得前往表演現場。

和觀眾一同在表演現場的經驗，會讓演員的演技發生變化。在舞臺上，舞臺劇演員可以與觀眾互動，熟悉生動的演技；歌手和觀眾合唱，歌曲就會出現變化；演講者在演講時，若懂得傾聽觀眾的反應，演講內容就有所不同。在舞臺上與觀眾融為一體的瞬間，這種現場感造就了演員的演技內功。

其次是重複。舞臺劇演員每次演出，都會在不同的觀眾面前重複相同的表演，有些人甚至演出幾百次。至於電影或電視劇，則是將每一幕拍攝下來，再剪輯、後製。只要展現一次演技就結束了。

接下來，只需要反覆播放底片即可。

由於舞臺劇是一次性揮發的舞臺，所以每次都必須使出渾身解數，重複相同的表演。結果，演技會在這樣的反覆中進步。對戲劇演員來說，這樣的演出方式等於自然而然排練了上萬小時。這樣累積下來的反覆效果，使他們變得更加特別。

接著，透過訓練發聲方式，向觀眾傳達自己的聲音。演員雖然用表情演戲，但最重要的表演媒介是聲音。電影和電視劇，是用麥克風和擴音器等裝置放大聲音，而舞臺劇演員得靠腹腔發聲增加共鳴，否則其聲音就無法傳到舞臺每個角落。

靈魂的聲音、心靈的聲音，只有透過腹腔發聲法才能實現。就像聲樂家用可以引起共鳴的歌曲掌握舞臺，舞臺劇演員則是用有共鳴的聲音掌握舞臺。

最後是了解飢餓（按：指內在的匱乏感或某種經驗的深層理解，唯有體驗後，才真正理解）。

所謂的演技，是成為別人，而不是自己。想要成為別人，就要了解別人的心。只有自己心中有過創傷和痛苦的經歷，才能理解別人的創傷和痛苦；只有理解他人心中的創傷和痛苦，才能擁有與他人融為一體的真心。只有這種有同理心的演技，才能感動觀眾。同時，那些年艱苦的經歷會讓人變得謙遜，進而長久留在巔峰。希望你成為這樣的人：

第一，知道被淚水浸溼的麵包是何滋味的人。

第二，知道現場滋味的人。

第三，懂得滴入眼淚的香檳是何種味道的人。

不論是誰，都應成為一個可以在人生舞臺上屹立不搖的真正高手。

第 4 章

生活中90%的事都和錢有關

1 避免歐印和開槓桿

一天，我和妻子用兒子送的優惠券，到星巴克喝了咖啡。店內有很多青年看起來和兒子差不多大。年輕人青春、熱情的聲音傳到我們的座位這邊。坐在我們附近的另一群年輕人笑著閒聊，中間穿插股票投資話題。其中一人笑道：「這個時代最好的極限職業，就是青春。」

那個年輕人的話剛說完，妻子就和我四目相覷，我們都想到了兒子。

在此之前，我正和妻子在討論「全租亂象衝擊」的報導——因為以全租模式出租的標的漸漸滅絕，讓韓國人很難負擔。

在韓國，一般來說，孩子從父母身邊獨立時，會依序經歷一次付清月租房、月租房、全租房、公寓月租、公寓全租、買房。這是住宅市場的循環過程，我稱之為「居住之梯」，裡面包含人類想生活在更優質的居住環境裡的欲望（按：在韓國，月租是指除了每個月付房租給房東之外，還要給一筆保證金，其費用通常是房價的一〇%，比其他國家的押金貴很多）。

有居住之梯，也有財富之梯。「財富之梯」在過去是大學入學或就業、離職、結婚等，從父母身邊獨立出來後，一步步踏上薪水→薪水＋第一桶金→用第一桶金加上貸款購入房地產→藉由房地產讓資產增值→利用房地產準備可養老的低風險資產。

然而，最近由於低利率，想透過儲蓄來獲得更多錢，實際上非常困難。另外，因貸款限制與房價暴漲，利用房地產投資使資產增值的管道被堵住了。理財管道受阻，導致我的孩子可能只能靠勞動收入活到一百歲。據說，現在的日本僱用八十歲老人收取高速公路過路費，我很擔心韓國也會出現必須勞動直到死亡的時代。

妻子說：「我擔心我們曾享受過的所有機會都被切斷，導致孩子在青春時期能碰到的機會越來越少……。」我們有一段時間都不再說話，而旁邊那群年輕人又繼續笑談彼此的相親經驗。

我坐在星巴克裡，想起了二十歲的自己。我曾經告訴兒子，就算神明給我一個可以重回二十歲的機會，我也不會回去。因為那個時期是我人生中最累的時候。我不想重複這個過程。

當時的我看不到自己要走的路。認為世界本身就是絕望二字。當時我從高中退學、整天窩在房間角落，後來，看著母親艱辛的勞動和因關節炎而扭曲的手指，讓我下定決心要讀大學。我通過高中畢業鑑定考試進入大學，好不容易進入社會。

在我那個年代，大學有如通往成功的梯子——至少我好不容易抓住這個梯子然後重新站起，到現在已是成功的五十多歲中年人。我的執著還是引導我走到了現在。所以，比起自己的老年生活，我更擔心孩子的未來。

機會越來越少，就算人們拚盡全力追求，仍難獲得成功。那麼，還可以怎麼辦？

即使再累，也不能癱坐在地上。無論如何，還是要試試看。

我想把自己從二十歲到現在的經驗，透過文字毫無保留的傳達出來。希望你可以把它當成機會，從中汲取活下去的力量。我的經驗可以總結成四點：

1. 要了解當代的金錢原理

在現代，把錢存進銀行或金庫，也無法累積財富。低利率時代的金錢彷彿是夏季的湖水，隨著時間的流逝而蒸發、消失。

在金錢價值下降的低利率、高通膨時代，應該投資會自動累積金錢的資產，如房地產、黃金或股票。重點是根據當下的資金情況和資產組合來決定。

2. 投資是持久戰

最好抱著成為最後勝利者的心態來制定戰略。

最需要警惕的對象，是著急的心。就像煮飯需要耐心等到飯燜熟。因此，要避免「歐印」（按：把身上所有錢，甚至借來的錢統統壓在一個標的上）和

「開槓桿」（按：用借貸的資金進行投資）。雖然這麼做或許可以利用好機會決一勝負，不過這是一場無法長期抗戰的戰鬥。債務是時間無法承受的包袱，所以沒有一位戰士可以撐去。

3. 要利用定期收入存錢

「如果想成為富翁，不只是賺錢，還要考慮存錢。」這是出生於貧困家庭，後來擁有巨大財富的美國政治家班傑明・富蘭克林（Benjamin Franklin）的建議。必須感受到用薪水等定期收入，省吃儉用存下第一桶金的樂趣。

4. 建設資訊基礎設施

生活中接觸到的資訊會改變人的經濟觀念。妻子在買房子之前，會先在當地租房子生活一段時間，然後再購入房子。想要獲取實用資訊，就要住在那個地區，和那個地區的有錢人親近，學習他們的洞察力。這就是建立資訊基礎設施的方法。

在那之前，首要之務是必須堅持。世界上所有的成功都必須經過「痛苦的死亡之谷」，所以不論如何要撐下去。

2 抬頭挺胸生活吧！

韓國電影《我的流氓情人》有一個場面讓我印象特別深刻：女主角就業失敗後，回家前走進一家小吃店。在那裡，社區裡的流氓正吃著泡麵。他安慰了垂頭喪氣的女主角。身為流氓的他，說得很直接：「在我們國家，沒工作的人都覺得是自己的錯、以為是自己沒出息……其實找不到工作不是妳的錯，所以抬頭挺胸活著！加油，X！」

今天我要講一個關於待業人士的故事。那是我還在上班時，某次擔任面試官參與面談時產生的想法。我希望正準備就業的人可以參考。

新進員工的面試通常分三個階段：開場白、主要提問以及結語。不過我認為面試只有開始和結束的幾秒鐘。面試時的主要提問沒有太多意義。大部分面試官在開始面試後，只需要三秒鐘就會做出判斷。在面試結束前三秒鐘便會確定第一次判斷。

可以說，面試是否成功，取決於剛開始和結束前的三秒鐘。我面試時經常說：「今天這個場合不是評鑑能力，而是為了確認各位和我們公司是否合得來。最重要的是，讓大家展現自己的真實面貌。」用這樣的打招呼當開頭，讓應聘者自在的說出自己的想法後開始面試。中間有其他面試官依照相關部門提供的指南，向應聘者提出兩、三個問題。

那些問題結束後，我就會做總結：「是否通過面試與各位的能力無關，因為這是判斷各位和公司是否合得來的場合。不論面試結果，在場的各位絕對都是有能力的人。即使與我們公司無緣，也要抬頭挺胸活下去。」

我會這樣面試，有三個理由。

一是，只根據人品來評鑑。

看得見的能力只是冰山一角。我們可以用眼睛看到的能力，還不及那個人整體的一%。在如此短暫的面試中，不可能看出剩下的九九%。

不過，一個人即使想刻意隱藏人品，還是會暴露出來。感受人品的知覺取決於神祕的遺傳因子。在人類歷史上，用能力來評價他人的時期，最多只有五千年，而用人品來評價一個人的時期卻長達數百萬年。

這份知覺刻印在人類基因中，讓我們能一眼看出他人要殺或救自己。所以，比起能力，我們可以更加準確評價對方的為人。

二是，職場生存規則發生變化。簡單來說，現在職場不再是賽艇競技場，而是溪谷泛舟。

在過去，職場就像賽艇的比賽場地，只要有能者帶頭划好船就可以了。但到了現在，職場已成了溪谷急流，得隨時且瞬間判斷划槳的方向，所以領袖和能力非常重要。

每個人都必須在各自位子上，扮演好自己的角色。所以不能用一把尺來衡量一個人的個性。我們必須選出可以在二十一世紀的市場急流中，共乘一艘船的極限運動員。我們需要擁有爆發力和懂得享受危險的強壯心臟。

因此，我在面試時，總給擁有挑戰精神和抬頭挺胸的人打高分。

三是，因為職場有如一碗拌飯。我的工作生涯中，面試過的求職者超過一千人。說實話，不管是一百人或一千人，他們的能力都差不多。

有句話說得很好，能力其實是一碗普通的飯和小菜。重要的是飯和小菜在職場這個銅盆裡，怎麼被攪拌在一起。米飯硬不硬，或小菜裡有沒有紫蘇葉，都不是那麼重要。

「現在的年輕人沒有韌性、不懂禮貌、缺乏基礎……。」我身邊有很多說這種話的領導者。他們不是好木匠。對一個好木匠來說，工具不是問題。

一個好領導者應明確決定要做全州拌飯還是生牛肉拌飯，並選拔出必要的人才。另外，為了讓自己挑選的人才和諧相處，應該讓他們適才適所，扮演好自己的角色。

我比任何人都清楚，是否順利找到工作和能力無關。若某人大學畢業後，找不到工作而待在家裡，我也會對他說：「抬頭挺胸活著，待業人士身分不能怪你。」

3 地下、半地下、地上的生活

有一天，我兒子打電話給我，激動的說：「我看了《寄生上流》後，感到非常震驚，於是決定重讀爸爸寫的文章。

「我感受到了。我終於領悟原來我們的生活有階級，而且是以經濟作為標準，分成地上、半地下、地下空間。雖然我依稀覺得每個人的生活都不一樣，沒想到有如此明顯的差異……。」

當時，我正和朋友在一起，只能先掛兒子的電話，之後再回撥給他。不過兒子的來電，讓我在用餐過程中，不斷想起《寄生上流》和兒子說的話。

在這部電影中，主角一家住在「半地下住宅」——一半在地上、一半在地下的空間。住在半地下住宅的人能聞到地上和地下散發出不同的氣味，而那股氣味是生活的體味。住在地上住宅的人會對地下住宅散發的貧窮氣味感到不快。而住在地下住宅的人對地上居民散發的貪念氣味覺得不適。

我想知道兒子在電影裡，具體看到了什麼。他或許從住在半地下的角色基澤身上，看到了我極力想要隱藏的過去——我們一家曾住在半地下住宅——進而在看電影的過程中，找回當時有關半地下住宅的記憶。

一九九七年十月，我和妻子用三千萬韓元在高德洞的半地下全租住宅展開新婚生活。從那時開始的四年，我們輾轉於首爾市高德洞和京畿道九里市的半地下住宅之間。在二〇〇一年冬天，終於脫離半地下全租住宅。

那年，兒子只有四歲，住在半地下住宅的時間很短暫，不過我從小到大，甚至在結婚後都住在半地下住宅。所以，我很清楚半地下的生活是什麼樣子。我想把在從中得到的領悟分享給兒子。

既然他看過《寄生上流》，一定能理解我分享的三個資本主義原理，只要領悟，一定對學習經濟有所幫助。

1. 資本主義中的需求原理

需求是源於缺乏的產物。換句話說，一個人的所有需求都代表著他缺乏的事物。馬斯洛的需求理論（按：Maslow's hierarchy of needs，層級由低到高，分別是生理、安全、愛和歸屬、尊嚴、自我實現等）能說明這一點。

首先，只有滿足最基礎的「生理和安全的需求」，才能進入「愛與歸屬需求」，接著是「尊敬和自我實現需求」。在電影中，角色勤世居住的地下室，是生理和安全的需求空間；基澤居住過的半地下住宅，是愛與歸屬的需求空間。至於地上兩層樓的房子，則是尊敬和自我實現的需求空間。

處於下層階段的需求支配人們的生活。只有擺脫下層，才能滿足其他需求。只是，下層需求建立在經濟基本基礎上。

也就是說，在資本主義社會裡，金錢扮演著解決地下需求的角色。上層需求無法光用金錢滿足，而下層需求卻可以用金錢完美填補。這就是資本主義的需求原理。

2. 資本主義中的金錢原理

根據金錢原理，經濟生活可以分成資本受損和資本增值，其基準線就是土地。地上是金錢增值的空間，而地下則是金錢受損的空間。地上會發生利用錢賺錢的良性循環，地下則會發生欲望吞噬金錢的惡性循環。

居住在地上的人們生活在錢滾錢的經濟基礎上，反之居住在地下的人們，則生活在消耗金錢的經濟基礎上。資本主義的盲點是「螞蟻地獄」（按：指一旦進入就很難脫身的狀況，類似中文的泥沼、深淵等概念），它奪走了有錢人和沒錢者擁有的一切。我們必須看穿這點，才能擺脫螞蟻地獄。

3. 資本主義中的習慣原理

小時候的經歷隨著時間流逝，會在心中逐漸擴大。雖然剛開始不喜歡，不過隨著時間過去，已逐漸習慣。最具代表性的就是抽菸。看到父親抽菸的孩子長大後，會跟著抽菸的機率很高。

直到二〇〇四年，我每天都會抽一包菸。大兒子小時候最討厭我抽菸。但那樣的他現在卻抽著菸；小兒子沒看過我抽菸，所以不會抽菸。人們小時候的經歷，會影響自己，甚至成為習慣，支配著人們的生活。

貧困家庭傳給下一代的，不是物質，而是習慣。我不想把生活在半地下住宅的習慣傳給孩子，這個想法也讓我在五十多歲時徹底戒掉菸酒，為了過上有有計畫、有方向的生活而努力。

4 順應金錢常理

常理，意思是通常應遵守的事理或道理。金錢和房子也有常理。金錢的常理是從花費到儲蓄，再從儲蓄到低風險資產，而房子的常理是從租房到有自宅，還有從小到大、從狹窄到寬敞、從不舒服到舒服、從樸素到華麗。

我們必須依照常理在世上生活，才不會浪費力氣。如果違背，將會承受痛苦作為逆行的代價。舉例來說，金錢方面，逆行是指將低風險資產當成可以儲蓄的金錢，再花掉用來儲蓄的金錢，而其代價就是貧窮，而且會陷入貧窮的惡性循環。

房子也一樣，這時的逆行是指從自宅搬進以全租房，再從全租搬到月租。

這樣的做法會帶來更大的痛苦。近來，因韓國房產政策的關係，全租物件轉換成月租模式，現在對一般人民來說，半全稅模式（按：指交保證金及每個月較低的月租）不是自己選擇的，而是被迫接受。

受苦的人民不僅憤怒，還會憎惡。憤怒是對情況，而憎惡卻是對特定對象。所以，憎惡比憤怒更可怕。比起被欺負後陷入憎恨，我們應針對房產做好因應準備。

妻子料到韓國的房產問題，於是於二〇二〇年六月買了一棟房子。為了在沒有銀行貸款的情況下，用全租押金抵消部分買賣價格的方式買房（按：若房東想賣房，買家買下這間房時，同意租客續住到租期滿，同時承接原本全租押金，那麼買家此時實際支付金額，等於房價減掉押金〔就是租客之前已給房東的押金，但之後租約到期，若租客不繼續住時，買家要把押金還給租客〕），我們搬到全租押金較低的聯排住宅。其費用和社區公寓的全租押金差一億五千萬韓元。

妻子說，不想讓銀行利息消失在居住費用裡，於是在沒有銀行貸款的情況下，買下社區公寓。除了全租押金以外，其餘都是我們家自己的錢，而且沒有花到一分與居住相關的利息費用。我們願意承擔綜合房地產稅等稅金炸彈，是因為我們無須支付任何一分錢在利息上。

通常，讓家裡有大筆資金流動的是房子、教育費和汽車。房子在前面已經說過了。而教育費是絕對不能省的費用。接下來，我想談談汽車。

買車時，不要為了面子或品味而買名車，而是要按照合理的消費標準來花錢。也就是說，除了考慮購買費用，還要精打細算後續的維護費用。

因為，除了購買當下會投入大筆資金，還有維護費這筆持續的開銷，雖說這些是小錢，但累積起來，會超過買車時的費用。專家認為，假設花五千萬韓元買車，那麼駕駛十年的維護費會是購買費的兩倍，也就是一億韓元左右。

很多人只看到汽車購買費，看不到維護費將是一筆更大的支出。你千萬不要為了要面子而買車，而是要依照合理的消費標準來花錢。

我們必須遵循錢的常理，一旦違逆，必定會付出代價。

假設有個上班族因突然退休而少了固定收入，於是陷入「違背常理」狀態（原本有薪水，現在卻沒了），那個上班族會很快墜入深淵。跟他不同，我雖然被迫退休，但我就算少了固定收入，生活也不會有太大的改變。

收入往往是個人無法介入的領域，但不論是誰都可以控制自己的消費，讓生活可以順應經濟常理。

最後，我想分享我從公司退休時，寫給身邊朋友的信中的一段話。裡面有著告別毫無節制的生活時，必須擁有的心態。不是每次的離開都是優雅的，我們要在留戀和悔恨中，果斷的做出選擇：

我的退休就像一對中年夫婦的離婚過程。

有一對中年夫婦曾覺得，如果少了對方就活不下去，於是結了婚。然而，在他們一起生活二十年後，漸漸討厭起對方。從某個瞬間開始，連和對方待在同一個空間裡呼吸，也讓他們厭惡不已。不能再這樣下去了。他們決定聽從建議，在對彼此還留著愛意時，漂亮的結束這段婚姻。

我的心情如同那對中年夫婦一樣。就這樣，我遞交了辭職信，並且在今天和公司分道揚鑣了。

我告別了工作二十五年的公司，投入新生活。順應常理的人才能做出這種選擇。我一點也不後悔。每個人都應提前打好人生的基礎，做出不讓自己後悔的決定。

5 結婚是經濟的契約

如果要用一句話概括我迄今為止講過的話，是這樣的：透過價值消費存下一筆資金，再用這筆錢投資低風險資產，在資本收入的基礎上，建立你的收益結構。

現在我想談談結婚的事。首先，我想用一句話來表達想法：「結婚不是愛情誓言，而是『經濟契約』」。

我把愛情的果實——婚姻定義為經濟契約。看到這裡，或許有些人認為我是庸俗的人。不過，我仍堅信這是一份經濟契約，也不想改變這個想法。

人生九〇％都牽涉到經濟，生活是一棟在物質基礎（金錢）上，建立精神支柱的建築物。只有物質基礎牢固，精神支柱才能牢固。所以，我才說結婚最重要的是經濟契約。也許有人想問：「意思是找有錢人結婚嗎？」

不是這樣的，我的意思是要和有經濟觀念的人在一起。現在這個時代，比起錢的多寡，經濟觀念富不富有才是最重要的。今天我想告訴各位如何尋找有經濟觀念的人。我希望各位的另一伴可以展現幾種樣貌：

- 有福氣的人。
- 有智慧的人。
- 懂得滋味的人。

1. 和有福之人，尤其是福夫人交往

在韓國現代史上，最容易被誤解的人物之一就是福夫人（房地產投機婦女）。以現代的話來說，就是他人單方面將擁有多間住宅的人視為投機者。福夫人在當時是最優秀的經濟專家，但電視劇和媒體把她們形容成貪婪和寡廉鮮恥的人。即使為時已晚，她們應是最需要重新被評價的人物。

這些人準確預測韓國的經濟趨勢，雖然常被認為沒讀過書，不過她們卻比任何經濟學家，都要準確預測了土地開發和住宅開發。房地產專家用英文的「river side」詮釋「河岸住宅」，並且用「road side」解釋「臨路住宅」。在外來語傳入韓國前，福夫人就已沿著河岸和大馬路，購買土地並興建房屋。

福夫人是天生的經濟專家。找個像福夫人一樣的人在一起吧！如果跟沒有經濟觀念的人結婚，他們會吞噬你的經濟，名牌衣、名牌包、名車……凡事都追求名牌，總有一天會出大事。

2. 與像「印第安巫師」般有智慧的人結婚

大部分宗教的神都是男性形象，而印第安人則以母親作為神的形象。「大地母親，妳的氣息賦予世間萬物生命。」印第安人稱呼各種神祇為母親並進行祈禱。

母親是他們最聰明、最神聖的存在。印第安人因此任命該部落最聰明的女子為巫師。不只是印第安部落，從很久以前開始，扣掉打獵，男人基本上遊手好閒。而巫師是部落裡最有智慧的人，所以除了狩獵和戰鬥，部落內的大事皆由巫師決定。雖然有酋長，但部落的象徵和實質判斷，取決於巫師的意見。

在二十一世紀社會裡，解決日常問題比打獵更重要。所以，你要跟如印第安巫師般的智者結婚，他或她會成為你堅強的盟友。

3. 跟懂食物滋味的人交往

懂得食物味道的人，才會知道人生的滋味。對人們來說，沒有比飯還重要的東西。只有獲得味覺上的享受，生活才會快樂。不知道食物滋味的人，絕對做不出好吃的東西。

若各位能找到像韓國著名主持人李英子懂得品嚐食物、對味道有見解、能愉快看待生活的人，便能過著愉快的生活。同時，你也要知道食物的味道，才能做出好吃的料理，讓配偶開心。只有這樣，生活才會充滿幸福。

如果遇到對生活麻木的人，你的人生也會跟著變得麻木、不順、不幸。

選擇配偶的首要標準是社會、文化、經濟觀念。通過這個標準之後，接下來再談其他條件。

我運氣很好，在發覺這些標準前，就和妻子結婚了，而她就是福夫人、印第安巫師、李英子的集合體。我無法保證其他人也有這般好運，只能衷心希望大家可以遇到這樣的人。

在本節的最後，我想和各位分享歐洲原住民凱爾特人（celt）的祈禱文：

「願你手上永遠有工作；願你的錢包裡永遠留有一、兩枚硬幣；願你的腳下永遠有路可走。」

6 好好賺錢、好好吃飯、值回飯價

我們能從男人所吃的食物，看出來他的素質。賺錢然後吃飯，並從飯裡得到力量。然而，在現代社會，為填飽肚子而賺錢，非常辛苦。難怪韓國小說家金動，會在〈飯〉這篇隨筆的開頭，寫道：「啊，餬口的厭倦！我們都想一起抱著哭。」

為了不讓令人厭煩的生計問題，淪落到令人想哭的地步，所以，我們需要好好學習經濟。

今天，我要談談「男人的素質」。從結論來說，就是指好好賺錢、好好吃飯、值回飯價（按：指作為對得起自己的位置或報酬）。我認為男人的素質不是建立在微不足道的物質基礎，而是在高尚的精神基礎上。然而，我現在確信，能藉由飯能判斷男人的素質。在金融資本主義社會裡，成為可以好好賺錢、好好吃飯、值回飯價的人並不容易。

從現在開始，我要分享這樣的人身上有什麼特徵：

1. 好好賺錢

男人的飯碗在歷史上，大致經歷三個階段的變化：

第一，在距今約一萬年前的狩獵時代，男人的工作是打獵。擅長打獵就等於擅長養家，而打獵需要膽量和體力；第二，是一萬年以後的農耕和產業時代。男人當時養家餬口的方法，是用勞動創造收入或靠戰爭獲得財富；第三，是二十一世紀金融和數位時代。現在想保住飯碗，就得具備「金融知識和數字觀念」。跟前兩個階段相比，現代可說是發生天翻地覆的變化。

男人的素質突然改變了。在數百萬年前，他們主要靠體力養家餬口。因此，遺傳基因讓他們天生擅長靠體力維持生計，所以男人習慣打獵、勞動、戰爭。但到了現在，世界變成城市叢林和數位叢林，而男人的身心卻還在百萬年前的草原上奔跑。

很多人還以為光靠體力做事，就可以順利混口飯吃，他們不知道，現今已是體力紅海、大腦藍海的時代。

如果我有女兒，我會這樣對她說：「找聰明的男人吧！男人光有體格，實際上沒有任何意義。」

為此，最重要的就是學習。要用頭腦學習，靠身體熟悉，讓大腦能忙碌運轉。大腦的活動量就是人的競爭力。

我認為有兩個對象值得大家學習——檀國大學醫學院寄生蟲學系教授徐珉，和韓國綜藝節目《非首腦會談》的美國代表泰勒．拉希（Tyler Rasch）。閱讀徐珉著作《平民寫作》和泰勒．拉希的預立遺囑，就發現原來「大腦的美」，可以讓身體的美變得微不足道。

徐珉把「寄生蟲」這一骯髒的、讓人避之唯恐不及的詞，放在生物醫學的明面——從骯髒的形象，轉變為蘊藏著宇宙神祕的生命體，完全是多虧大腦的力量。

「如果問我為什麼要學習並寫作，我可以毫不猶豫的說，是因為我太醜了。」這是個子矮、眼睛小的徐珉的自白。他說，身邊的人都告訴他：「因為你長得不好看，至少要好好讀書。」克服這種悲傷，努力用功的徐珉最後靠大腦成為性感的人。

2. 好好吃飯

不是任何人都會好好吃飯，那是在一天中消耗所有體力的人，才能做到的事。在一天內傾盡自己一切的人，就是會「好好吃飯的男人」。

肚子要先清空，才能用新的飯重新填滿。如果把每一天都活得像人生的最後一天，你就可以成為好好吃飯的人。蘋果前執行長史蒂夫．賈伯斯（Steven Jobs）每天早上照鏡子時，都會問自己：「如果今天是人生的最後一天，我會想做今天原本要做的事嗎？」

活得這麼拚命的人，就是會好好吃飯的人。

3. 值回飯價

我們可以把飯錢視為維持品位、面子的費用，因為飯錢也包括時間、金錢或心意。

請人吃飯要有原則，如果不論何時何地，都礙於面子而付錢，身體、心理和時間遲早會無法負荷。舉例來說，請別人吃飯十次，後來只要有一次沒請，對方心裡就會覺得不是滋味。這就是人心。

如果倒下了，一切都會崩毀，所以需要明智調整。要有效率的利用自己的身體、心理和時間。

重要的是創造屬於自己的節奏，並且用這個節奏長期維持下去。能做到這點才是帥氣的人。

我希望我兒子可以成為會賺錢養家、好好吃飯，並且值回飯價的人。為了和有福氣、有智慧、懂得美味的人交往，自己得先成為會賺錢養家、好好吃飯，以及值回飯價的人。

我很喜歡歌手卞真燮在一九九〇年代，推出的歌〈希望事項〉，在他唱完「我喜歡這樣的女人。」這句後，作曲家盧英心在後面加一句旁白：「希望事項還真多，我喜歡配得上那種女人的男人。」我希望各位能像這句歌詞一樣，成為一個會賺錢養家、好好吃飯並值回飯價的人，如此轉變為配得上有福氣、智慧和懂食物滋味的人，組成幸福家庭。

7

社會劇變，財富就流動

兒子有天突然問：「為什麼我們家沒能成為有錢人呢？」聽完後我也開始好奇，我們家的富貴命運是由什麼決定。

前三星集團董事長李健熙去世後，報紙上都是三星家族的故事。《中央日報》刊登了一篇報導：「李健熙傾注心血的相機、手錶、音響事業受挫，卻成為超一流三星的基石。」這篇報導跟著李氏家族的足跡追溯三星的歷史，我看完後決定記錄我們家族的歷史。

為了督促兒子學經濟，我開始整理我們家的經濟歷史。雖然不像三星是對國家產生影響的有錢家族，不過這是對我跟孩子產生巨大影響的家族紀錄。

從我開始，追溯到祖父的年代。兒子出生於兩〇〇〇年代、我出生在一九六〇年代、父親出生於一九四〇年代，而祖父則出生在一九一〇年代。現在，我要說一個自祖父起，一直到我這一代，「未曾實踐的富翁家族之夢」。

我們家族三代人生活的二十世紀，是人類史上發生最大變革的時代。在韓國歷史上，這段時期財富流動最活躍。目前韓國富翁都抓住了二十世紀財富流動黃金期帶來的機會。以世界的角度來看，財富趨勢在二十世紀的波動也是最大的。

既然生活在二十世紀的百年黃金時期，為何我家沒人成為富翁呢？

如果將財富機會以十年為單位切割開來，就可以發現起點不一樣，所以機會並非公平。但站在百年的宏觀視角來看，財富的起點卻很相似。我們家三代和跨國企業現代集團家族三代的起點相似，在跨越三代的百年歷史中，取得的條件和機會都很公平。

建立現代家族的鄭周永，在仁川碼頭做苦力起家，一開始過得極其寒酸；建立樂天家族的辛格浩，用相當於現在的二十多萬韓元資金，隻身一人渡過大韓海峽。

據說，神會給予人三次機會。我們家在這百年內也曾有過三次機會，卻錯過，最終沒能成為富有人家。我想要寫下這一百年來的失敗紀錄，希望兒子能從中得到教訓，並以此為基礎，實現富翁家族夢想。

我們需要再次認知到，社會出現劇變時，財富會開始流動，而富豪家族就是在該時期創造財富的人。韓國在二十世紀中，最大的劇變發生在一九五〇年前後，之後在一九七〇年、一九九〇年也發生過。重要的是，我們要了解劇變出現時，究竟是什麼讓富豪家族抓住機會。

在劇變時期發財的家族具備三個條件：財富的流動時間、財富的流動地點（錢會出現在哪裡）、流動能力（指具備追蹤、掌握財富流向的能力，如對產業趨勢、現實變化等敏銳度）。我以鄭周永為例來說明。

首先是流動時間。我們無法控制自己什麼時候出生，只能靠命運決定。

鄭周永出生於一九一五年。到了一九五〇年，他已三十五歲。由於他正處社會出現劇變時期，所以他天生擁有了財富時間。

接著是流動場所。鄭周永出生在一個名為「牙山村」的窮鄉僻壤。小學畢業後，他一直幫父母務農。如果當時他選擇繼續務農，就沒有現在的現代家族了。後來他連夜逃到大都市。就這樣從一九五〇年代開始，便身處於財富的流動場所。

當時的產業形態正快速從農業經濟轉向工業經濟，所以錢不在農村，而是在城市。財富大部分是以城市生活為基礎產生。尤其，從一九五〇年起，大富豪多半出現在首都首爾。當時，鄭周永正好待在那裡。

最後是流動能力。鄭周永在一九五〇年代（財富的流動時間），身處首都（流動場所），透過挑戰，累積許多失敗，親身體驗財富的流動能力。簡單來說，有錢人的經驗累積在他的身上。

他常問：「你嘗試過嗎？」對於大學畢業後，只靠頭腦工作的人來說，他的話有如當頭棒喝。因為這是用他年輕時起，在城市角落裡流下的汗水和眼淚，交織而成的一句話。

據說，他一開始在仁川碼頭旁做苦力，後來在首爾的麥芽糖工廠等產業中做雜工。他就這樣擁有了財富的力量。別人都在談論他的京釜高速公路建設、造船廠建設等豐富的成功經驗，不過我想用「從城市裡的各種雜工中，獲得肌肉」來形容他的成功。

「你嘗試過嗎？」不管什麼事，如果不去嘗試，便無法知道其中的原理。甚至可以說，透過真正實踐，會發現沒什麼事是做不到的。任何人都天生擁有可以做到的基本資質。我直到五十多歲才領悟這個道理。不過，鄭周永是從年輕時開始，一輩子都抱著這種心態活著的人。

他擁有的財富流動能力，就是以經驗為基礎的實事求是精神。

8 你和你的後代如何致富？

從現在開始，我想聊聊我家沒能成為富豪的原因。

我祖父跟鄭周永一樣出生於一九一五年。三十多歲的他正處於財富流動的時間。祖父在全羅北道金堤市竹山面洪山里內村出生。在日據時期，這裡是糧倉地帶。當其他地區連大麥飯都吃不到的時候，該地區居民卻能吃到米飯，過著無須擔心溫飽的生活。

祖父很滿意這樣的務農生活，所以儘管活在財富流動的時間裡，他卻並沒有前往能抓住財富的場所。這是我們家無法成為富有家族的第一個原因：在致富的黃金時期，祖父選擇留在農村務農。

如果祖父搬去城市，就可以獲得財富嗎？似乎並非如此。根據我的觀察，祖父不喜歡挑戰。此外，他身上有個阻礙財富的決定性障礙——酒。他除了凌晨下田，其他時間總是喝得醉醺醺。

我小時候最討厭的，就是拿著水壺，幫祖父去附近村子的釀酒廠裝米酒回家。酒不單純只是酒，它會讓人變得毫無節制、懶惰、享樂，導致我們無法和財富成為朋友。我們家族沒能獲得財富的第二個理由就是酒。雖然祖父生在財富流動的時間裡，卻不在有機會獲取財富的地方，財富的流動能力也不足，最終錯失成為有錢人的機會。

祖父在一九七〇年才賣掉所有的水田和旱田，搬到首爾。他好不容易用賣掉田地得到的錢買一間住宅。當時他垂垂老矣，所以搬到首爾後，也無法抓住機會。祖父在晚年過著窮苦老人的生活，最後在一九七八年因高血壓病倒而去世。直到他病倒之前，他幾乎每天都在喝酒。這是他人生最後的樣子。

父親跟著祖父搬到首爾。當時，城市開發的熱潮興起，人們可以利用土地在城市發家致富。當時是韓國現代史上第二次的財富流動時間。如果當時父親有挑選土地的眼光，我們家便有可能成為富有家族。

韓國人熟知的企業中，大部分是以土地為基礎取得財富。很多企業聲稱他們靠做生意賺錢，但仔細觀察內情，就會發現並非如此。

企業為了開發而購買的土地因價格突然暴漲，讓企業賺到錢的情況相當常見，甚至還以開發土地的美名公然投資土地。事實上，很多富有家族都是靠土地價值致富的。即使在工業化時代，巨額資金通常也來自土地。

人們普遍認為麥當勞是一家連鎖餐飲公司，不過其實它是一家房地產企業。該公司為了建立麥當勞分店而買下土地。當土地的價格上漲，麥當勞就會賺到錢。這是我們家族未能成為富有家族的第三個原因。父親不知道用土地賺錢的經濟原理。

最後是我自己。我活在可以靠網路賺錢的時代。Daum、NEXON、Naver等網路平臺企業在二〇〇〇年代初期，以新創企業之姿創造財富。但我缺乏因應新時代的能力，所以沒能搭上那股時代潮流。

也就是說，我家無法致富的原因有四個：一是祖父定居於農村；二是祖父沉迷酒精；三是父親沒有將房地產和財富連結起來；最後是我忽略時代變化。

各位生活在二十一世紀，應將這四個失敗的原因當成反面教材。「你和你的後代該怎麼做才能致富？」我不斷思考這個問題。接下來我想分享我的看法，幫助各位了解二十一世紀財富流動的三個條件，以做好應對。

1. 移動時間

我把注意力放在新冠疫情過後的十年。財富的流動通常發生在歷史出現劇變之後。韓國從一九四五年光復後開始，在一九五〇年經歷了韓戰後，財富出現流動。因此，我認為在目前由病毒和數位科技引起劇變後的十年內，財富將大規模流動，你千萬不要錯過這個機會。

2. 移動場所

雖然城市沒變，可是現在數位世界才是財富流動的場所。不要沉醉於類比世界（按：指感官所見所聞的世界），要把自己當成數位世界的開拓者。

在美國西部開拓時代，只要先在土地插上旗，那個人就會成為土地的主人。同理，你要在數位世界先插上旗幟。如此，那裡就會變成你的土地。不懂的人會說，數位土地已被人們占領了，但他們不知道，數位大地的地底下，現在還藏著黃金甚至原油。帶著你的旗幟，奔向數位世界吧。

3. 流動能力

在二十一世紀，思考力就是讓財富流動的能力。思考，就像在用身體習得的各種物質基礎上，建構建築物。我們應在經濟這個理論基礎上，建造一座思考力的家。

最後我想提醒各位，《馬太福音》裡有一句話：「因為凡有的，還要加給他，叫他有餘；沒有的，連他所有的也要奪過來（按：指富者越富，貧者越貧）。」二十一世紀的貧富差距將越來越大。如今，貧窮家庭可能連他們沒有的東西都會被奪走。所以你必須躋身進入有錢人行列。

在近代以前，建立家族的標準是血統。到了二十世紀，金錢成為建立家族的標準。不過，直到二十世紀，不只是大富翁，也可能出現小型富豪家族。從身無分文變成富翁，或是從平凡的受薪階級，變成富翁的案例也不少。

然而，在二十一世紀，小型富豪家族的形成越來越困難。世界逐漸以金錢為中心，就算聲名在外，如果沒有錢，也很難形成家族。在這種情況下，導致普通人很難成為富翁。你要盡快擺脫貧困，建立富有的家族。

9 世界從來就不公平

我想藉由兩篇演講稿和一篇文章，來談談人心。從字面上來看，這兩個字是指人的心。事實上還有另一種意思：體諒他人的處境並給予幫助的心意。換句話說，人心應要可以體諒並理解他人。

接下來，我要分享引領世界經濟、領導世界電子產業的兩位巨人的演講內容。一位是微軟執行長比爾．蓋茲，在二〇一九年世界富豪排名名列第二，身價高達一百二十六兆韓元；另一位是三星電子會長李健熙，在二〇一九年世界富豪排名第六十一名，身價為二十四兆韓元。

我先分享比爾．蓋茲的演講稿內容：

「人生是不公平的。不要抱怨現實，接受它吧！這個世界不在乎你們怎麼想，只期待你們在對自己感到滿足之前，會取得並展現出何種成就。

「不要因為在漢堡店工作而感到羞恥，我們的祖父認為那份工作是機會。如果你們毀了自己的人生，這不是父母的錯，而是你們的錯。不要抱怨錯誤，要從中學習。希望你們可以快點習慣人生的不公平。」

而李健熙於一九九三年六月七日，在德國法蘭克福舉行的三星集團緊急經營會議上，說：「除了老婆和孩子，其他的都換掉吧！」他在一九八七年就任會長後，感到很茫然。當時，三星集團內部缺乏緊張感，普遍陷入「自己是第一」的錯覺。如果繼續這樣下去，不只失去一、兩項事業，而是整個三星都將面臨倒閉。在這種迫切的心情下，才說了那句話。

想改變家庭、企業、國家，首先必須改變自己。李健熙比任何人都還清楚這個邏輯。只有自己做出改變，家庭才會變化、企業才有變動、國家甚至世界才會改變。最終，創造變化要從自己出發。

最後我還想分享我看到「泡麵兄弟之死」報導後寫下的文章：

二〇二〇年十月，各家媒體都報導一則新聞：一對年僅十歲和八歲的兄弟在母親外出工作時，為煮泡麵果腹，卻不慎引起火災受重傷，在意外發生一個多月後死亡。我看到這則新聞報導後非常憤怒。

幾年前，我父親去世時，醫生說：「患者於二〇一七年七月二十六日上午八點二十三分去世。前往殯儀館時，請記得在一樓的櫃檯領取死亡證明。」即便聽到死亡、死亡證明等只會出現在文件上的單詞，用在我父親身上時，我還是沒辦法將父親和死亡連起來。

即便現在看到報導：「B君於當天下午三點四十五分左右死亡。」我也無法將一個八歲孩子和死亡二字連結在一起。

我因為這個社會的貧窮感到羞愧；因為這個社會有孩子死亡而絕望；又因為這個社會的貧困導致孩子死亡，而感到憤怒。

我在文中裝出一副很有人情味的樣子，說自己對這件事感到羞愧、絕望和憤怒。但寫下那樣的內容並高聲疾呼，又有什麼用呢？連灰塵般的細微變化也不會發生。因為我說的話空虛無力。應該感到羞愧、絕望、憤怒的不是這個社會，而是沒有力量改變的「我」。同時，也應該為了沒有認知到這種現實而覺得羞愧。

看到這裡，你認為人心是什麼？我不會把自身想法強加在你身上。所以，我也不會刻意用「希望你透過這三篇文章感受到什麼心態」下結論。

只是，最後我想要留下三句話，希望你可以放在心上，哪怕只有一天也要反覆回味：

這個世界不公平。

除了家人，一切都要換掉才能成為第一。

B君於當天下午三點四十五分左右死亡。

各位務必反覆咀嚼這幾句話。

這個世界絕對不公平。公平一詞只會出現在字典裡，用在這個世上則是死語。就算你再怎麼高呼公平、公正、平等，都沒有用。

如果自己沒為了擁有力量而力圖改變，呼喊就會淪為單純的抱怨、不滿、訴苦罷了。我只希望你要銘記：即便改變不了世界，至少你可以改變自己。

10 改變一個人的方式只有三種

某天為了一個早上七點半的約定，我從凌晨開始，整天忙得不可開交，這是我第一次參加退休主管的聚會，當時在場的前輩都比我早退休。

在那裡，我見到了四年未見的韓前輩。他在二〇〇七年任命我（當時擔任科長）當副部長職級；在二〇一四年提拔我（當時擔任部長）為常務理事。

俗話說：「士為知己者死。」這就是所謂的「知音」。字面意思是「聽得懂聲音」，衍生出「了解自己內心之人」含意。

該詞是源於「伯牙絕絃」的典故：據說在中國春秋時代，一位名叫伯牙的人，在懂得欣賞自己琴聲的好友鍾子期死後，最後悲傷的剪掉了琴絃。也就是說，知音指的是知道自己的能力有多麼珍貴的人。

用餐時，韓前輩說我當留守父親時的樣子，令他印象深刻，並提及當年的事：「那時候我看到你每天清晨先去游泳，再來上班。因為剛運動完，身上熱氣還沒退去，臉上還帶著一顆顆的汗珠。就覺得你自我管理非常徹底。」

那是在十六年前，妻子帶著還不懂事兩個兒子，前往加拿大拜訪我妹妹，只留我一人在韓國生活，為了不讓自己變得散漫，於是我在早上運動來開啟一天，接著白天工作、晚上讀書。韓前輩居然記得連我都忘記的當年樣貌。當他提到那段火熱時光，我燃起欲望，想像當時那樣生活。

見過韓前輩後，我重新設計了自己的退休生活。我想讓孩子看到我好好生活的樣子，與其要求兒子學習經濟十次，不如讓他們親眼見證一次以經濟作為生活基礎的面貌。這才是真正的經濟學習。

日本經濟學家大前研一在《搶得先機的洞察力》中，講述了改變一個人的方法只有三種：用不同的方式運用時間、改變生活的地方、結交新朋友。如果不這麼做，人就不會改變。光下定決心沒有意義，不如從現在開始運用這三種方法。

1. 用不同的方式運用時間

我打算從現在開始，把配合上班時間的生活方式，改成只屬於自己的時間。這是我一天的規畫：

在凌晨五點醒來，睜開眼後立刻刷牙。一邊刷，一邊計畫當天要做的事。接著，坐到書桌前，拿出韓國小說家金薰的《煮泡麵》，並抄寫約半頁內容。寫約二十分鐘後，有了寫字手感，我便開始寫作，根據前一天勾勒出的大綱為基礎來完成文章。之所以先設計好大綱，是為了讓自己在睡夢裡也想起那篇文章。我就這樣用不同的方式運用時間，改變我的一天。

2. 改變生活的地方

我決定待在公司為了退休幹部準備的公用辦公室。比起每天獨自待在家裡，我想透過改變生活空間，促使生活出現變化。我在九點前出門，然後在辦公室整理新專案研究課題。結束一天的研究課題後，在下午五點離開辦公室。

3. 結交新朋友

比起線下聚會，我選擇上傳文章到網路上，並透過交流結識新朋友。如果沒有新冠疫情，我可能會踏上旅程，前往聖地牙哥。或許會在旅途中寫下朝聖遊記，並結識來自世界各國的人。

不過，像現在這樣撰寫文章，在線上論壇與他人交流，也是很好的經驗。透過文字，我每天都會在網路上，遇到現實世界中很難相遇的人，透過這些人留下的評論與之接觸，然後認識各式各樣的人，藉此改變自己的生活，這樣的體驗非常珍貴。

你也可以實踐這三種方法來改變自己，和我一起創造比昨天更好的今天，以及比今天更好的明天。我此時此刻正是抱著這樣的心情寫下這篇文章。

11 別走捷徑，要走彎路

在我的手機上，大兒子的暱稱是「big my son」，小兒子是「my son」，母親是「my mom」，而妻子則是「愛」。兩個孩子和母親，是與我擁有血緣關係的存在，所以暱稱是「我的兒子、我的媽媽」的英文。

我原本也想用「my love」當成妻子的暱稱，代表她是與我共享心靈的人，不過最後還是選用韓文的「愛」。因為我想讓妻子在看我的手機時，能感到喜悅。正如我所願，妻子非常喜歡。選擇用「愛」當暱稱，是我的明智選擇。

就如同我們在手機上儲存暱稱等簡單的事，也是一種「選擇」。我們的人生由各種選擇串聯起來。連接每天選擇的「點」，最終變成「線」。

如果X軸代表時間，那麼Y軸就是選擇。生命中的所有瞬間都是X軸和Y軸的相遇點。

我們的人生是從過去走到現在，再走向未來的選擇之線。也就是說，累積我們每天做的選擇就成了生活，甚至決定著我們的命運。這也是為什麼人們必須做出明智選擇。

前幾天，兒子向我諮詢了一個煩惱：「您覺得我要報名專業士官嗎？」

兒子在讀完大學二年級第一學期就入伍了，明年二月期滿退伍。所以九月就可以復學了，中間有七個月的空檔。兒子一邊思考該如何度過那段時間，一邊問我的意見。

兒子列了三個選擇：一是打工七個月賺錢；二是閱讀書籍，並補足落後的大學課業進度；三是申請留在軍隊領取薪水，並成為短期服役的專業士官。他問我會選哪個。我說：「報名成為專業士官。」

我按照自己的風格，先說出了結論，接下來要開始細說理由：第一，因為新冠疫情，兼職工作有如摘下天上的星星般難找；第二，用閱讀和學習來補足落後課業的過程中，身邊有很多誘惑，而我認為兒子太過年輕，很難抵抗誘惑；第三，成為專業士官，不但可以賺錢、學習，還夠打發時間，可說是「一箭三雕」。

過去當兵十八個月是國家規定的義務期間，而擔任專業士官期間，則是兒子最後做出的選擇。人的心中存在消極機制，忍不住迴避強制義務，不過對於自發性的選擇，則會產生積極心理。十八個月的非自願義務期間轉瞬即逝，那麼接下來僅有七個月的自願期間，會過得比子彈還要快。

現在的生活來自你過去的選擇；未來的生活取決於自己現在的決定。假如你覺得今天的生活很艱難，就回顧過去做了什麼錯誤選擇。若想安穩度過明天，今天就必須做出明智的抉擇。

X軸只會依照決定好的順序流逝，所以人生好壞取決於Y軸——選擇。你的人生將根據你的取捨所引導的方向發展。我希望你可以制定出自己專屬的明智選擇方法。

我接下來會分享自己的選擇方法：

1. 不要走八線道的高速公路，應選擇彎曲的雙線道省道

人生最好選擇彎曲且會繞行的道路，尤其年輕時更該如此。因為在蜿蜒曲折的過程中，會了解生活的滋味和產生智慧。八線道的高速公路雖讓人迅速朝目的地前進，是著重結果的道路，但無法感受到過程。相反的，雙線道省道的速度雖慢、需要時常保持緊張，卻可以盡情享受過程。

所以，你要選擇每天都可以保持清醒的「曲折雙線道省道」。

2. 選擇朋友說「你瘋了嗎？」的選項

以我兒子為例，當他說應徵專業士官時，若朋友問：「你是不是瘋了？」那麼，就一定要堅持選擇。

因為年紀相仿的人不去的地方就是藍海，而同齡者聚集的地方則是紅海。紅海是不管再怎麼努力也賺不到錢的市場，換句話說，前往競爭者較少的市場裡，只要有一定的努力和資質，很快就可以成為富翁。

想要有好結果，比起努力和資質，選擇的市場更重要。人們都說選擇藍海

而成功的人運氣很好。不，他們不是幸運，而是過去做了明智決定。你應該選擇成為讓自己擁有超棒運氣的瘋子。

3. 比起眼前的便利，更該選可以在未來成為利益的選項

比起眼前的便利，為了日後的生活而忍住誘惑，才明智。這正是「棉花糖效應」——能克制眼前的欲望、延後享樂，往往更容易成功。

減少眼前的過度消費，為了未來存錢；忍受當下的不便，住在重劃區的舊房子裡……都屬於此範疇。有錢人可以忍住欲望，懂得等待時機。如果你不確定某個判斷好不好，不如先保留。就像黑暗在太陽升起時會消失，就算稍微晚一點做決定也沒關係，重點在於做出清晰、精明的判斷。

4. 依「投資需要的時機」做選擇，而不是你的狀況決定時機

我想舉個例子說明：我妻子在二〇一七年五月，以抵銷全租押金的方式，買了兩間重建公寓。然後，我們搬進了一間較狹小的聯排住宅。有人說房價還

會下降；有些人則認為我們為了購買公寓，而過不方便的生活，很愚蠢。

這是因為，妻子放棄舒適的空間，選擇投資。我們家今日的資產水準還不錯，都是多虧當時的選擇。錯過時機的人經常把「如果」掛在嘴邊。該詞彙就像在地下電臺販賣、可能沒有任何藥效的成藥。藥販說的話只是在耍嘴皮子，對你和經濟毫無幫助。我建議各位把「如果」一詞從腦海中刪掉。

我們面前有無數種選擇。無論下了什麼決定，都是個人的事。我和妻子可以為孩子的選擇提出建議，但最後還是要兒子自己判斷。只是，我身為父母仍希望兒子可以做出明智的選擇。

12

沒有了名片，你該如何介紹自己

我退休後，見了比我更早退休的老同事，他們在住商大樓裡設立辦公室，經營一家小企業。一位負責調查超市和均一價商店的庫存；一位負責向大型超市供應平底鍋。他們退休五年多了。現在成立的企業也站穩腳跟，展現出稱職的公司執行長風範。

「鄭專家，恭喜你『退伍』。」他們一看到我便說了這句話。他們沒用「退休」一詞，而是像軍隊般，將退休稱為「退伍」。一開始，我誤以為這句話是要對我兒子說的，於是我回道：「明年二月才退伍。」結果，他們笑說：「鄭專家還沒有洗掉組織的汙垢。」

下午四點多，我們去了一家位於東部地方法院附近的生魚片餐廳。聚會在晚上十一點結束。我一杯酒都沒有喝，就這樣聽他們講了近七小時。

因為他們是前輩，所以我不能先開口說要走。其中一位強詞奪理的說：「現在你退伍（退休）了，所以要喝酒。」雖然我很想逃離那個場合，不過這次的聚會是為了我才約的，所以我沒能先離開。我就這樣一直聽著喝醉的人重覆說著同樣的內容，這七小時可說是無法用言語形容的痛苦。

聚會結束後，我和其中一位前輩一起坐上計程車，原來他就住在我們家附近的高級社區公寓裡。在車上，他才拿出名片對我說：「這張名片沒有什麼大不了的，但不拿出來，我就無法解釋自己是誰。」

我和他分開後就直接回家了。我洗完澡躺在床上，然後開始思考名片的作用。我現在沒有名片，那麼，自己是什麼樣的人呢？這個疑問讓我輾轉難眠。

韓國電影《朋友》中，一位老師用左手捏住學生的臉頰，右手狠狠打了一記耳光。他一個接一個打，並問他們同一個問題：「你爸爸是做什麼的？」

劇中，父親們的職業是船員、葬儀師、流氓。在那個年代，他們靠坐船出海、擦屍體、用拳頭出生入死，供孩子讀書，但孩子卻不認真學習，所以老師才會在處罰的同時，問他們父親的職業。

在過去，老師常常試圖利用學生父親的工作，來獲取處罰的正當性。在一九八〇年代或更早之前就讀高中的人，應該都曾目睹過這樣的場面。

《朋友》主角俊碩的父親是釜山地區的流氓頭目。俊碩猶豫一下，便回道老師的問題：「他是流氓。」

話一說完，老師便解開手錶放在一旁，更加無情的對俊碩搧耳光。俊碩被搧倒後，老師甚至踹他，還說道：「很好，你爸爸是流氓？真是太好了。」

「你爸爸是做什麼的？」如果我兒子的旅長這麼問，兒子能解釋我是什麼職業嗎？在以前，或許他可以用我公司的名片來回答。可是現在不管他想怎麼介紹我，都沒有名片可以輔助說明我做什麼。

其實，我現在也無法解釋自己是什麼職業。

我還不確定自己是什麼人，聚會後意識到這個事實，讓我很鬱悶。兒子說不出自己的父親從事什麼工作，讓我覺得心煩。我想知道自己在兒子眼中，是什麼樣子。我想問的是「你覺得我過得好不好」。

現在，兒子在軍隊這個被限制的空間裡，和各式各樣的人一起生活，應該從中看到了人們擁有的各種面貌。在與他們的矛盾中，一定會培養出識人的高深眼力，對父親的看法也會越來越精準。

我真想聽聽看變成那樣的兒子，對我有什麼看法。

「你爸爸是做什麼的？」這個問題有關我人生、有關孩子如何看待我。兒子在星期六放假回家，我希望他能告訴我答案，因為我想用他告訴我的父親形象，重新塑造自己的生活。

對於兒子，我感謝他誕生在這個世界上成為我的孩子。不管是誰問，我都會毫不猶豫的說：「兒子是我的驕傲！」

如果有人問兒子我是什麼人，我想讓他有自信回答：「是我的朋友、老師，以及尊敬的父親。」為了讓兒子在三十年後，可以親口說出這句話，我會重新打造自己的生活。

第 5 章

打開金錢之眼

1 閱讀新聞

我信奉這句格言：「要讓某人造出巨大的船，首先要讓他萌生奔向遼闊海洋的渴望。」

你渴望前往那片波光粼粼的經濟海洋嗎？如果心中沒有這股渴望，你願意說明理由嗎？雖然我還有一些話想說，不過我認為提出上述兩個問題應該已經夠了。現在，我將說明該如何建造一艘可以橫跨遼闊這片海洋的巨大船隻。

造船的方法有兩種。一是理論，透過語言和文字，學習製造過程；一是直接拿錘子敲打，累積實戰經驗。若問理論和實戰哪個重要，我會回答：小船著重實戰，而大船則注重理論。

在現場直接判斷情況並實際操作，才能快速又準確的打造小船，關於理論只要有基礎就夠了。但若要製造一艘如運動場般的大船，理論就非常重要。因為規模大，所以無法親自一一檢查細節，但可以從理論基礎設計上看到整體。因此，大船比起實戰，理論更重要。

理論，可以讓我們看到肉眼看不見的東西，想要建造大船，得鞏固理論基礎，累積實戰經驗。只有這樣學習，才能夠像高一百二十三層樓的樂天世界塔（按：位於韓國首爾、為已開發國家中最高的摩天大樓）一樣高高矗立。

我強力推薦各位透過閱讀報紙來得知更多理論。

最近，我利用早晨閱讀三份日報及一份經濟報紙。不管是媒體立場屬於保守派或進步派，我都會仔細看過上面的每則報導。這是我為了學習經濟、鞏固知識基礎的方法。

我抄下所有頭條，這麼做能將瑣碎的報導一併記在腦海裡。在閱讀時，如果看到不錯的內容，我甚至會整篇抄下來，藉此將記者想傳達的事，全部內化成自己的。

我在看新聞時不會「偏食」。不只經濟、社會、文化、體育、娛樂，甚至連看了就厭煩的政治新聞，都會好好看過一遍。因我認為這些報導等於記者做的食物，而人不應隨便糟蹋食物。我相信所有報導都含有記者的靈魂與精神。在拿起報紙的瞬間，我會在心裡想著：「我要把這幾篇內容全吃掉。」

讀報紙就像種豆芽菜。起初，就算每天澆水也沒變化。但到了某個瞬間，它便會迅速生長，讓我們來不及摘下來煮湯或做成涼拌菜。

將報導輸入到腦中，看似沒有任何意義，但隨著知識的累積並相互連結，想法會自動擴展。不知道從何時開始，讓我讀懂經濟趨勢，甚至能提供洞見。

我會用勞動、事業、資本來區分家庭收入的種類，並以自己的方式構築每項收入特徵的理論，都得益於看報紙獲得的智慧。在第一章提到，「羅動兒靠資本獲得收入，而南珍靠勞動獲得收入」，我能像這樣比喻說明，也是因從某篇專欄上，抄寫有關比喻的文章。

新聞裡有各種經濟知識、寫作方法和生活智慧。學習經濟時，一開始就抄寫書本內容，對部分人而言或許有點勉強。所以，不妨從讀報紙開始。

我再分享一個透過讀報紙時領悟到的事實。說起來有點諷刺，我起初學習經濟知識，後來更是拚命鑽研經濟領域。但我並未累積相關觀念，只得到一堆無用的知識。美中貿易平衡、跨太平洋經濟夥伴關係協定……在不知道如何與生活連結的情況下，硬背下來的知識，就像我穿的那件厚重外衣，讓人無法在生活中自由活動身體。

「這不是實用的經濟知識，真正的經濟在人群之中。」我後來才領悟到，人與人之間發生的事情，其根源就是經濟。經濟存在於世界最基層。

在自然界中，水會流向最低處，也就是大海。我閱讀過的報導也流向我腦海中的最低處，那裡成為一片經濟海洋。

再多嘮叨幾句，我希望你不要在入口網站（按：這類網站會整理、儲存不同來源的資訊，並統一形式呈現）上閱讀新聞。想獲得實用的經濟知識，就要用自己的標準看過所有文章。因為入口網站上的資訊都經過編輯，會用聳動標題來迷惑讀者的雙眼。你要讀的新聞得由自己編輯，千萬不要受人擺布。只有用自身標準閱讀並判斷，你才能把知識內化自己的一部分，而入口網站的資訊沒辦法做到這點。

我想叮囑兩點作為本篇的結論：

首先，就像呼吸一樣，要經常翻閱紙本資訊，例如每天早上讀報。人的腦袋就像種豆芽菜的容器，需要經常澆水，才會讓裡面的知識順利成長。

還有，要仔細閱讀報紙上的所有報導。一字一句的讀，然後抄寫下來，如此可能讓經濟知識這棵樹茁壯成長。

我甚至認為，學習經濟知識的最好方法，就是看報紙。

2 把書中知識和生活連結

我在前文強調要翻閱報紙，讓許多人誤會我在報社工作。而這次我想強調的是讀書，為避免誤會，所以再提一次，我從事食品流通業二十五年，以吃的東西作為商品。假設書是販賣精神領域的商品，我就是販賣物質領域的商品。我只是單純為了幫助各位學習經濟，才推薦讀書。

沒有什麼方法比讀書更有用了。所以我想分享三個讀書法，供各位參考：

1. 抄書名和目錄

我在讀書前，會把封面上的書名跟文案，一字不漏的寫下來。如果上面有插畫，我也會照著畫下來。

對我來說，書籍封面就像一個人身上穿的外衣。正如我們可以從衣著看出一個人的內心世界，一本好書使人能從封面看出大致內容。

寫下封面上的字後，接著抄目錄，相當於與陌生人開會前，事先取得情報。這跟沒先掌握任何資訊，直接打電話對話，兩者存在明顯差異。就像事先了解情報是對人的禮儀，我認為抄寫書名和目錄，是對書的禮儀。

2. 遇到不確定詞義的單詞要查詢字典

閱讀時，偶爾會遇到無法理解的詞彙，或雖然熟悉，但那個詞彙就像浮雲般漂浮在頭頂上（按：指自己也不敢肯定其涵義）。比如《在鄉村麵包店烘烤資本論》（按：本書原是日文書，此為韓國代理版書名翻譯，臺灣代理版書名為《真食物革命》）中，「鄉村麵包」、「烘焙」的意思很明確。但「資本論」一詞雖然聽過很多次，卻不知道是什麼意思。此時，我就會在Naver百科辭典尋找解釋。只有像這樣確認不知道的詞彙，書中內容才能讀進腦海。

3. 連結書中內容與生活

如果不只是讀懂書，還把書中知識與生活連結在一起，知識就不會只停留在你的腦海中，而是成為你的手腳。拓寬思路時，閱讀量很重要。如果想增加思考的深度，閱讀的深度同樣重要。

我很高興最近聽到兒子說讀書很有趣。那種喜悅是因他們終於明白書本帶來的樂趣，而達到增加閱讀深度的階段。透過閱讀來學習經濟，是我這輩子都在做的事，也是今後繼續學習的方法。我很開心兒子可以和我一起這麼做。

我看書時，即使只寫短短三行，一定會寫下感想。閱讀經濟相關的報紙、書籍，或聽了別人的建議，我都會結合自身想法，並寫下來。這麼做對經濟學習有很大的幫助，所以我希望你也可以這麼做。

3 自然法則裡的金錢學

前面提到學習經濟的方法，是閱讀報紙和紙本書籍。首先，要仔細閱讀前者所有版面的報導。其次，在翻開書本前，透過封面和目錄提前理解內容。這兩種方法能幫你奠定理論基礎。

今天，我要介紹第三種方法，是透過自然法則來幫助各位理解。

原理，意思是「事物的正確規律」。反之，違背事物正確邏輯的行為，稱為悖理。在世上，原理和悖理時而對抗，時而平衡。圍繞我們的經濟生活也與跟原理、悖理一樣。

1. 重力法則

地球上的一切都被重力吸引，而具有從上到下的屬性。所以為了停留在某個位置，就要擁有適當的位能，必須承受住向下拉扯的重力。

有錢人位於經濟階梯的上層。由於位置較高，所以受打擊時的重力作用更強。如果撐不住就會墜落。也就是說，登上富翁的位置固然重要，但如何維持地位更加重要。

人們之所以認為比起成功創業，如何維持成功更困難，因為強大的重力會將我們拖到谷底。人們常說：「欲戴王冠必承其重。」如果無法承受重量，就會被王冠壓死，無法承受的幸運反而是不幸。

就像電影《魔戒》（*The Lord of the Rings*）中，單純的青年幸運的遇到一次至尊魔戒，最終卻因此變成醜惡的咕嚕。

我在二〇二〇年底報紙上看到一則新聞：英國最年輕的樂透得主在獲得相當於六百五十九億韓元（約新臺幣十三．一八億元）獎金的七年後，因為涉嫌殺人而站在法庭接受審判。我在這篇報導中，看到中獎者變成醜惡咕嚕的結局。幸運中獎者大部分在往後的人生都過得不甚平坦。

無法承受的幸運含有劇毒，這是我們能從重力法則上學到的經濟知識。我想說：「別試圖擁有自己無法承受的幸運。」

2. 循環法則

季節循環依序為春、夏、秋、冬，再回到春天；所有的生命都會經歷生成、成長、消亡，並且重複這個過程，人也一樣。

不論什麼事，最好按照自然規律行動。否則，當你打破循環的瞬間，就會面臨難以忍受的痛苦。這點從異常氣候所帶來的殘酷災難，就可以看得出來。這個道理同樣適用於經濟，打破經濟循環的資本主義將伴隨著痛苦。

《在鄉村麵包店烘烤資本論》中，作者渡邊格解釋「資本循環」為何重要。在自然界中，會腐壞的麵包，才是健康且美味的麵包。但人們習慣了甜的、具刺激性的欲望，正在製作不易腐爛的麵包。但這種麵包含有防腐劑的毒性。也就是說，這種麵包拒絕與時間一起循環，違反自然規律，所以吃多了對身體有害。

金錢更是如此。在經濟中，循環的錢是健康且有益的。但我們有貪婪和欲望，正在創造不易腐朽的金錢。其產生的毒性比我們想像的還要多。

資本無法形成循環，只能讓資金膨脹，這種結構奪走老百姓的金錢，交給了資本家。一般人民的身體會因為貧窮而腐爛，唯獨有錢人才能在資本中，獨占財富和安樂的生活。

在金融資本主義時代裡，因利率調降和量化寬鬆而讓金錢不會腐爛——能靠股票和房地產賺到錢，依靠勞動賺錢時代就此結束。

為了在弱肉強食的資本主義中生存，只剩下利用資本主義的盲點賺錢。在金錢過剩的時代，賺錢方法是以資本家的身分生活，用錢賺錢才是王道。

3. 質量不變法則

化學反應前後的總質量相等。

巨大的革命改變了人類歷史，例如農業革命、工業革命、科學革命等，讓經濟形態發生劇變。但「基本生活的質量」在革命前後一樣。

農業革命增加了食物，但由於人口增加，所以人依舊會為了食物而發生鬥爭；產業革命讓物質文明發達，卻讓我們的身體習慣了物質文明，感覺不到生活變得多便利；儘管藉由科學革命開始理解並利用自然原理，另一方面卻又破壞了自然循環，引發更大的災難，像是氣候危機、病毒猖獗等，人類又背負起很多其他的課題。

換句話說，在革命發生前後，人類的幸福質量沒有改變。

人類學家愛德華．威爾遜（Edward O. Wilson）在著作《群的征服》（*The Social Conquest of Earth*）提到，隨著社會性的發展，人類獲得征服地球的力量。他主張征服核心策略，是以社會性為基礎的進化。他說，人類是社會性的存在，所以才能征服地球。此外，其中也伴隨著四種幸運：

- 人類不住大海，而是陸地，因此能利用火。若沒有火，就沒辦法進化。

- 在地球上，人類擁有相當大的身軀。如果像昆蟲一樣小，社會進化的爆發力就會下降。
- 人類有手。甚至為了抓住事物來操作，而進化出手指。
- 能攝取肉類。飲食的改變讓人類獲得蛋白質，促進腦發育。

因為擁有這四種幸運，人才成為獨一無二的地球征服者。

人類雖征服了地球，卻破壞了生態系統，沒有在其中與其他生物共存。作為個別存在，人類沒有比狩獵採集時代過得更好。這就是我們從質量不變法則中，學到的經濟生活道理。

或許，從貧窮轉變到富有的生活後，幸福質量還是一樣。這也是為什麼在賺錢的同時，必須追求共同生活的原因。

我們要根據質量不變法則，銘記金錢對生活的意義。在鞏固經濟基礎的同時，要一起制定生活的精神目標。

到現在為止，我們透過重力法則、循環法則、質量不變法則等三種自然規律，找到了加深經濟學習深度的方法。水往低處流，在最寬闊之處匯聚成大海。懂得這個道理，才能開始過經濟生活的第一步。

4 具備閱讀理解力

猶太人為何能在科學、經濟、文化等各個領域脫穎而出？因為從亞伯拉罕時代開始，他們用文字記錄生活和歷史，然後不斷的讀，琢磨其中的意義，並從中學習智慧。

這種學習方法已深植在猶太人的身體。在近代以前，歐洲人的文盲率超過九〇％。與此相反，超過八〇％猶太人藉由讀寫，在文字中學習。人類在五千年歷史中累積下來的智慧與知識，不在存在基因裡，而是藏在文字之間。

也就是說，閱讀理解力（literacy）——藉由文字取得知識與情報，是非常重要的能力。人類因此創造了璀璨文化，可以說，文字是人類文明的寶庫。理解這座寶庫的能力正是人類生活的競爭力，也是創造新文明的泉源。

想領悟世界的道理，首先必須具備閱讀理解力。

唯有以這份能力為基礎來理解歷史上的知識和資訊，才能學習經濟。培養閱讀理解力的方法之一，就是正確理解專業用語。而要學習經濟，第一件事就是搞清楚經濟術語。

受新冠疫情影響，經濟議題變得非常多元。我最近經常接觸的經濟新聞有以下三種：「量化寬鬆政策導致金融市場流動性增加」、「金融市場流動性增加導致房地產價格暴漲」，以及「金融市場流動性增加，使KOSPI更新最高價」。這些新聞中都提到流動性。

正確理解這個用語是什麼意思再讀新聞，與不了解就直接看新聞，兩者在閱讀理解力的水準上存在巨大差異。

流動性，意思是「資產可以兌換成現金的程度」，而最近常用的流動性，則是「現金的流動」——貨幣流通速度和交易量等呈現程度。

投入市場的現金有狹義貨幣（M1）和廣義貨幣（M2）。前者指現金貨幣與活期存款、貨幣市場存款的總和，而後者則是指狹義貨幣與期限未滿兩年的金融產品。

現金流動性增加，代表現金的流通量大且快速；現金流動性高，表示過剩的現金應該流向某處。新冠疫情導致企業無法長期投資、家庭減少消費，所以現金充裕。結果，除了投資房地產及股票外，現金沒有可以流動的地方。

如果正確理解流動性，就可以閱讀經濟相關議題的新聞，拓展理解當下經濟趨勢的眼界。然而，若沒先理解，便直接看新聞就無法理解本質，只會認知到房價上漲、股票上漲的表象。

房價上漲和股票上漲只是一種現象，重點在於知道上漲的原因——現在的資產上漲和現金流動有很大的關聯。

因為低利率和量化寬鬆政策，導致現金流通增加。

首先是低利率。如果經濟不景氣，為了消除信貸緊縮並扶持經濟，中央銀行會調降利率，讓資金流向市場，也就是增加貨幣流通量。因此，隨著新冠疫情導致世界經濟趨勢停滯，各國政府便要求中央銀行調降利率，以刺激經濟。

然而，新冠疫情尚未平息。政府向中央銀行發行並購買債券，以公共資金向產業現場投入資金。如果市場上的貨幣量增加，就應該利用投資生產設備、創造財貨和服務，使貨幣流通順暢，但消費卻沒跟著受到刺激，導致市場陷入只有資金充裕的狀況。

結果就是，這筆充裕的流動現金最終流入房市和股市，造成資產升值。如果明確了解流動性一詞，就能理解經濟知識和情報中的內容本質。

在透過報紙或廣播新聞接觸到的經濟用語中，我們必須正確了解核心用語的意義，如此才能學好經濟。

結語
貧窮不只悲傷，更是羞恥

最後，我要告訴你一則我最想隱藏的故事。

貧窮、失去經濟基礎的時間，裡面蘊含著悲傷。

在我小時候，家裡很窮。不過我認為透過學習就可以擺脫貧困，所以會看各種書籍。當時，我在某本書上看到一句話：「貧窮並不可恥，只是讓人覺得不舒服而已。」

雖然我用這句話安慰自己，但內心深處仍覺得貧窮令人羞恥，而羞恥使人悲傷。至少在發生某件事之前，我仍相信貧窮不等於悲傷。準確來說，應該是我「只能」相信。

我讀國中時，身穿黑色制服，把舊式書包側背在腰間，或用一隻手拎著。我就這樣出門搭公車上學。

上學時間的公車總是班班客滿。一九八一年五月一日，我和往常一樣搭公車，那天依舊沒空位可座。我一隻手握著公車的把手，另一隻手抓著書包。

我前方座位坐著年約二十二歲的女性上班族。她穿著白色襯衫及黑色裙子。我們偶然對視，那位上班族便說要幫我拿書包。我當時猶豫了，因為那天我把便當配菜辛奇裝在空的即溶咖啡罐裡，然後放進書包，但瓶蓋沒蓋好，我擔心辛奇汁液會流到外面。

在我猶豫期間，她把我的書包拉到自己的膝蓋上。結果沒過多久，就聽到她慌張的驚叫聲：「哎呀，怎麼辦？」

我低頭看向書包。啊，該死的辛奇汁從書包的縫隙流出來。沾滿那位上班族的裙子。她把我的書包往上提，辛奇汁依舊流不停。我趕快把書包拿過來，辛奇汁現在滴在我的褲子和鞋子上。

我腦袋一片空白，只能低頭向她道歉。她一邊用手帕擦拭裙子，一邊說沒關係。

公車這時停了下來，雖然還沒到學校，但這個狀況讓我尷尬到直接衝下車，然後鑽進某條巷子。我把裝著辛奇的罐子丟進巷內的垃圾桶。然後，撕下幾張筆記本的紙來擦拭書包內部。數學和英語課本也都是辛奇汁，我差點連課本也丟了。

後來每次念書時，看著滿是辛奇汁痕跡的課本，我都羞愧萬分。

那個經歷至今仍記憶猶新，不過奇怪的是，我完全想不起來那天的其他事情。我忘了自己如何抵達學校、怎麼上課、那天的午餐有沒有吃、放學後怎麼回到家、怎麼跟母親解釋丟掉的配菜。

除了對辛奇汁，還有因貧窮而羞愧的印象之外，完全沒有其他記憶。

我想說，「貧窮不可恥，只是讓人覺得不舒服」對我而言是胡說八道。貧窮不是不舒服，而是會讓人難堪，並因這份羞恥而傷心。

我不曾把這件事告訴任何人。因為只要一想起，我便感到臉頰發燙。如果問我什麼是貧窮，我會這麼回答：「貧窮是辛奇汁。就像在公車上全身赤裸一樣，讓人難為情。」我已經五十多歲了，依舊只能這樣形容貧窮。貧窮至今還是讓我覺得非常羞愧。

「貧窮並不可恥。只是讓人覺得不舒服。」我何時才能這麼高尚的描述貧窮呢？

我現在還是做不到，或許走完這輩子也沒辦法做到。

我不想看到孩子經歷和我一樣的事，而你跟你的孩子也不該有這種經歷，所以我不斷提醒大家要學習經濟。

當我提到經濟的本質——「錢、錢、錢」的時候，兒子總皺著一張臉。就像他的表情一樣，沒錯，錢很骯髒，但若那麼骯髒的金錢不在自己的口袋裡，反而會讓我們變得骯髒。我不想看到大家因為沒錢，而搞得全身髒兮兮。

貧窮的「辛奇汁」隨著時代的演變而變化。

在我讀國中時是「辛奇汁」。在公司上班時，就變成「主管的責罵」。到了退休後的現在，則是「妻子的悲傷表情」。

我和你經歷的貧窮呈現出不同的面貌。在你的時代，貧窮不知道會戴上哪種面具。為了防範這個時代的貧窮，要好好學習經濟。

我想特別聲明一下，不要認為我會埋怨在貧困中養育我的父母。儘管小時候曾短暫冒出這種想法，不過在孩子出生後，我一次也沒有埋怨過，反而更加感謝他們在貧困中苦撐下來。

兒子的信

用父親的明燈看世界

「兒子，我要退休了。」某年秋天，我正在練兵場踢球，趁著中場休息時間和父親通電話。一陣閒話家常後，父親突然冒出這句話。

因為父親的口氣聽起來若無其事，所以當時我也覺得這件事應該沒什麼。我接著問：「您接下來想做什麼？」父親簡短答道：「寫作。」

從第二天開始，父親開始每天寫一篇文章，然後傳給我看，從沒有一天缺席。文章題目經常是「兒子，你要學習經濟」。當時的我是兵長，軍中生活不管什麼事情都讓我覺得很麻煩。對於父親傳來的文章，我只是點開，讓它們變成「已讀」狀態，實際上並未真的看過內容。

我開始讀父親寫的文章，是因看了《寄生上流》。

看完電影後，剛開始我覺得不舒服，甚至不自覺的乾嘔。我感覺自己就像電影中的一幕那樣，正坐在因水災而不斷逆流湧出汙水的馬桶上抽菸。我似乎親眼看到了貧窮這個明確的實體。

隔天，我打電話給父親：「我昨天看了《寄生上流》，我想起了以前的事，我小時候住在半地下房子時，也是那樣嗎？」

父親以我的故事為素材，寫下文章〈半地下生活〉傳給我。直到那時，我才一字一句的細讀內容。父親藏在文字的心意，讓我的胸口感到一陣刺痛。

從那天起，父親寫的文章在我眼中變得不一樣了。

我從中看到了從未見過的父親背影；在〈貧窮不只悲傷，更是羞恥〉中，看到了年少時貧窮的父親；和朋友一起喝啤酒，從結帳時的那筆酒錢，我看到了父親承受的屈辱。

此外，我還在鞋後跟磨損的皮鞋上，看出父親疲憊的一天；因為辛奇汁感到難堪的少年，是父親；因為被罵而得到薪水的上班族，是父親；而穿著鞋跟磨損的退休人士，也是父親。在身為男孩、上班族、退休人士的父親艱苦奮鬥之下，我才能順利長大成人。

我沒經歷過貧窮，在經濟上不虞匱乏的環境下成長。為了把孩子撫養成人，父親在我們看不見的地方承受辛苦。我想要報答一直這樣生活的父親，我認為只有一種方式，就是呼應他的期待，為自己的生活打下穩固的經濟基礎。讓我的生活不會因為口袋裡沒錢，而就此變成一片荒蕪。

「知則為真愛，愛則為真看，看則畜之非徒畜也。」現在，我眼中父親的模樣和以前不一樣了。他正努力從退休的泥淖中脫身。他的力氣可以在褲管下變瘦的大腿、逐漸變白的髮絲之間，甚至在讀報時總是從鼻梁往下滑的老花眼鏡上看得到。那股力量在如同漆黑洞穴般的現實中，彷彿明亮的燈光一樣閃耀著光芒。

今天我依然用那盞燈看著世界。

給兒子的信

我走出了父親的貧困與痛苦

讀著兒子寄來的信，我大哭了一場。

因為這封信讓我想起在四十年前去世的父親，和當時年僅二十歲的大哥。大哥的人生非常短暫。我經歷時間的摧殘，就這樣活到五十歲，但大哥的人生停留在二十歲那年的漢拿山。

讀著兒子的信，我非常想念那個停在二十歲的青年。我似乎仍無法從四十年前的那天跨出一步。我寫文章的理由只有一個：我希望可以替大哥在這個世界留下一點痕跡，這也是為什麼我能堅持寫作。

我埋怨過父親，那股怨恨曾重重的壓在心頭。我會那麼討厭他，是因他的軟弱性格。他缺乏想克服世間風波的強烈意志。

子女通常希望自己的爸爸可以面對這個險惡世界，抬頭挺胸的活著，我想兒子應該也希望我這麼做。我曾希望父親可以成為我的人生座標，期待他像世上所有的父親一樣，能戰勝所有難關和痛苦，成為守護家人的堅固藩籬。但他的肩膀看起來總是很瘦小。

大哥去世時，父親直到最後都只是默默看著逐漸冰冷的大哥，沒把他送下山，而是直接埋葬在背對白鹿潭，可以清楚看到整個濟州島的漢拿山山坡上，連墓碑都沒有。

母親哭到喘不過氣，我則在母親身邊無聲的流淚。父親親手埋葬死去的孩子，卻一滴眼淚都沒流。我覺得他好無情。現在回想起來，或許站在他的立場，唯一能做的，只有冷漠的堅持日常生活。除此之外，他又能做什麼呢？

曾指責父親的我，如今也到了當時他的年紀。

我直到有了孩子，才慢慢開始了解父親，也領悟一件事——失去孩子的父親什麼也做不了。為了還活著的孩子，只能咬牙硬撐。我不再把父親當作守護一家人的家長，而是活在貧困與痛苦中的普通人。

其實在那個年代，我們的貧困與痛苦不是父親的責任。因為大哥的死而蒙上的陰影，以及貧窮導致的黯淡未來，絕對不是他的錯。回顧其一生，我覺得他的人生很可憐——年輕時的溫暖和光明時間太短暫。但身為父親，他的人生因從各處滲入的貧窮與死亡寒氣，而難以忍受的時間卻很長。

我苦惱著該如何看待父親承受的那段痛苦時光。

這一切是他的無能造成的嗎？不，世界的規則不是在秩序裡由因果形成。尤其，那個年代的貧窮與不幸本來就是這樣，無法責怪誰，也不是誰的責任。只是那些日子過得比較貧窮而已。

父親生前我沒能陪在他身邊，他在人生的最後一刻一定很孤獨。我在寫信給兒子的同時，也帶著歉意寫了一封信給父親，希望他即使不在世上，也不要感到孤獨。

正如兒子寫信給我一樣，我也以孩子的身分寫信。

「我用父親的明燈看世界。」兒子在信中寫下這句話。

「我克服了父親的貧困和痛苦，抬頭挺胸的站著。」我則留了這句給父親。

我想對兒子說，在寫本書時，我在想，身為父親該如何展現生活的痛苦和貧窮。因為所有的孩子，實際上都生活在父親的痛苦與貧窮踏板上。這是人類歷史上，每個父親都想帶給孩子的最好的愛。

現在，我想把大哥及父親對我的愛傳承給兒子。

這就是為什麼讀了兒子的信，我會哭得不能自已。我的眼淚蘊藏著我對大哥和父親的思念。我克服他們的貧困與痛苦站在兒子面前。貧窮讓人變得寒酸，不過今天，我想起那些保護我免受貧困所苦的人們，而感到溫暖。

兒子，我站在父親和大哥創造的貧窮與痛苦的基礎上，成為永遠不會熄滅的燈火，為你們照亮前方的道路。

後記
現在的我，重新開始

人們為了適應這個時代，要求以合作為生存條件，要眾人壓抑各自欲望，以達成共同體的利益為優先。

不論是國家、公司或者是學校，都以維持整個群體為優先，無法守護「個人」存在。

在英國某村莊裡，有一片任何人都可以牽羊來吃草的共有牧場。但為了讓牧草得以重新生長，必須限制可以在此吃草的羊隻數量。村民也曾嘗試輪流管理，或控制放牧羊的數量，但最終仍舊不了了之。

於是，所有農夫都在牧場被毀掉前，帶羊去那裡吃草。結果該牧場很快就變成光禿禿的空地。正如生物學家加勒特・哈丁（Garrett James Hardin）的《公地悲劇》（按：*Tragedy of the commons*，一九六八年發表於《科學》〔*Science*〕雜誌，內容為擔憂放任自由生育，將造成人口激增，最後耗盡地球資源，造成生存危機）所述，如果先考慮政府或公司等共同體的合作，個人往往無法保證能自立。正因如此，每個人要擁有屬於自己的生活空間。

我們活在需要靠自己建立最低生活基礎的激烈適者生存時代。退休後，我很煩惱該靠什麼活下去，而沒能好好睡一覺。此外，上一輩的資本主義思想及貧窮觀念，大都原封不動的傳給後代，這點讓我覺得更加可怕，所以，我極力想找到可以避免轉嫁貧窮給孩子的方法。我懷著想擺脫經濟無能、讓子女擺脫經濟無知的心情寫下本書，意外帶來三份禮物：

1. 經濟知識

在寫作時，我領悟到無數金錢和經濟的本質。原本毫無連結、四散在腦海的經濟資訊，被文章串起、相互連結，確立了金錢和經濟的概念。

2. 職業基礎

我現在是作家、YouTuber、學習經濟的博士生，可以將寫作、創作、學習等工作當成職業，一切多虧了這本書才有可能實現。我藉由本書創造的基礎，向前大步邁進。這份工作已經成為我的終身職業。只要我的思緒還清晰，就不會有退休的一天。

3. 文化資本帶來的收益

多虧《學會當個有錢人》在韓國已銷售十萬冊，我才能成為文化資本家。即使不勞動，我擁有的文化資本也會自動幫我賺錢，讓我能寫作、製作影片、自費想學的知識。

藉此，我想向購買本書的人道謝。回顧過去，二〇二〇年九月三十日，在我絕望的從公司退休後，唯一的希望就是寫作。當時我完全沒想到，寫作會成為讓我重新振作的力量。我抱著每天早上五點起床後，一定要寫一篇文章的意志，就這樣堅持了五十多天。

在我表達謝意的對象中，第一個是自己。每天寫文章且堅持到現在，我想稱讚自己真了不起。這一切都多虧了「再多寫一天的想法」，持續引導我。

身為兒子、父親、丈夫，我很感謝家人信任我。如果沒有他們的陪伴，我可能會撐不下去。

最後，要謝謝讀者。因為各位的支持，我才能繼續寫作。其實，我也有懷疑自己的瞬間。每當這種時候，讀者留下的評論、心得及打氣的話，都會成為讓我支撐下去的力量。

國家圖書館出版品預行編目（CIP）資料

學會當個有錢人：上班25年的爸爸最想告訴兒子的事：努力工作頂多不窮。致富，得學會鷹眼、蛇腦、狗鼻思維。／鄭善容（정선용）著；莊曼淳譯.
-- 初版. -- 臺北市：大是文化有限公司, 2025.07
272頁；14.8×21公分. --（Biz；491）
譯自：아들아, 돈 공부해야 한다 (10만 부 기념 골드 에디션)
ISBN 978-626-7648-47-6（平裝）

1. CST：個人理財　2. CST：生活指導

563　　114004102

Biz 491

學會當個有錢人

上班25年的爸爸最想告訴兒子的事：
努力工作頂多不窮。致富，得學會鷹眼、蛇腦、狗鼻思維。

作　　者／鄭善容（정선용）
譯　　者／莊曼淳
校對編輯／馬祥芬
副 主 編／陳竑悳
副總編輯／顏惠君
總 編 輯／吳依瑋
發 行 人／徐仲秋
會 計 部｜主辦會計／許鳳雪、助理／李秀娟
版 權 部｜經理／郝麗珍、主任／劉宗德
行銷業務部｜業務經理／留婉茹、專員／馬絮盈、助理／連玉
　　　　　行銷企劃／黃于晴、美術設計／林祐豐
行銷、業務與網路書店總監／林裕安
總 經 理／陳絜吾

出 版 者／大是文化有限公司
臺北市100衡陽路7號8樓
編輯部電話：（02）23757911
購書相關資訊請洽：（02）23757911　分機122
24小時讀者服務傳真：（02）23756999
讀者服務E-mail：dscsms28@gmail.com
郵政劃撥帳號：19983366　戶名：大是文化有限公司

法律顧問／永然聯合法律事務所
香港發行／豐達出版發行有限公司　Rich Publishing & Distribut Ltd
香港柴灣永泰道70號柴灣工業城第2期1805室
Unit 1805, Ph. 2, Chai Wan Ind City, 70 Wing Tai Rd, Chai Wan, Hong Kong
電話：21726513　傳真：21724355
E-mail：cary@subseasy.com.hk

封面設計／孫永芳
內頁排版／黃淑華
印　　刷／韋懋實業有限公司

出版日期／2025年7月初版
ISBN／978-626-7648-47-6
電子書 ISBN／9786267648490（PDF）
　　　　　　9786267648483（EPUB）

Printed in Taiwan
定價／新臺幣450元
（缺頁或裝訂錯誤的書，請寄回更換）

아들아, 돈 공부해야 한다 (10만 부 기념 골드 에디션)
SON, YOU NEED TO STUDY MONEY (Gold Edition to celebrate 100,000 copies sold)
By Jeong Seon-yong